Ingrid Stan

Traumrasse
Welsh Corgi
(Cardigan und Pembroke)

Bibliografische Information der Deutschen Nationalbibliothek
Die Deutsche Nationalbibliothek verzeichnet diese Publikation in der Deutschen Nationalbibliografie,
detaillierte bibliografische Daten sind im Internet über http://dnb.d-nb.de abrufbar

In diesem Buch nutzen wir manchmal geschlechtsneutrale Begriffe, um den Text flüssiger und leichter lesbar zu gestalten. Das bedeutet jedoch nicht, dass wir die Bedeutung des Geschlechts ignorieren oder herabsetzen. Wir erkennen und schätzen die Vielfalt und Einzigartigkeit jedes Einzelnen. In Fällen, in denen eine geschlechtsspezifische Differenzierung für das Verständnis wichtig ist, haben wir diese beibehalten. Bitte verstehen Sie diese vereinfachte Sprache als Teil unseres Bestrebens, das Lesen für alle so angenehm wie möglich zu gestalten. Danke, dass Sie ein Teil unserer Lese-Community sind.

1. Auflage Dezember 2024

Verlag: BoD · Books on Demand GmbH, In de Tarpen 42, 22848 Norderstedt
Druck: Libri Plureos GmbH,Friedensallee 273, 22763 Hamburg
ISBN: 978-3-7693-1639-1
Bildnachweis:
Cover und Fotos im Buch: adobe stock, Pixabay, Wikipedia, Ki-generiert
Illustrationen im Buch: adobe stock - Igor Zakowski, adobe stock - ilyakalinin

Dieses Buch soll informieren. Klar.

Aber es soll auch Spaß machen - daher enthält es nicht nur Texte, sondern auch zahlreiche Zeichnungen: unsere „Models".

Ganz gezielt haben wir unsere Zeichner gebeten, hier nicht nur typische Rassebilder zu gestalten, sondern niedliche, lustige und zum Teil auch gar nicht als Rasse erkennbare Hunde in das Layout zu übernehmen.

Auch im Ausbildungsteil finden Sie ein Model, das so gar nicht der hier vorgestellten Rasse entspricht - nehmen Sie es bitte locker, denn es geht um das Erkennen der Grundkommandos - nicht mehr und nicht weniger.

Inhaltsverzeichnis

Liebe Leserinnen und Leser,

manchmal reicht ein einziger Moment, um unser Leben für immer zu ver-
ändern. Für mich war es vor etwa 14 Jahren, als ich zum ersten Mal einem
Welsh Corgi begegnete. Seit diesem Augenblick hat mich die Faszination für
diese charmanten und einzigartigen Hunde nicht mehr losgelassen. Heute
möchte ich Ihnen dieses Buch vorstellen – eine Liebeserklärung an eine
Hunderasse, die durch ihren Charakter und ihre Lebensfreude besticht.

Ein Welsh Corgi ist weit mehr als nur ein Hund – er ist ein treuer Begleiter,
voller Energie, Intelligenz und Persönlichkeit. Sowohl der Pembroke als
auch der Cardigan bezaubern mit ihrem typischen Charme und ihrer ausge-
prägten Loyalität.

Doch was mich besonders faszinierte, ist ihre bemerkenswerte Fähigkeit, eine enge Bindung zu ihren Menschen aufzubauen und mit ihnen auf eine ganz besondere Weise zu kommunizieren.

Ich habe dieses Buch geschrieben, um meine Begeisterung und mein Wissen über die Welsh Corgis mit Ihnen zu teilen. Es ist nicht nur eine Sammlung persönlicher Erlebnisse, sondern ein umfassender Einblick in eine Rasse, die mich seit Jahren begeistert.

Ich lade Sie ein, die Welt durch die Augen eines Welsh Corgis zu sehen. Lernen Sie ihre Geschichte kennen, ihre einzigartigen Merkmale und ihr liebevolles Wesen. Entdecken Sie, warum diese Hunde so viele Menschen auf der ganzen Welt verzaubern.

Egal, ob Sie bereits ein stolzer Corgi-Besitzer sind, darüber nachdenken, einen in Ihr Leben aufzunehmen, oder einfach mehr über diese außergewöhnlichen Hunde erfahren möchten – dieses Buch wird Ihnen wertvolle Einblicke und Inspirationen bieten.

Tauchen Sie ein in die Welt der Welsh Corgis und lassen Sie sich von ihrem Mut, ihrer Lebensfreude und ihrer Hingabe mitreißen.

Mit herzlichen Grüßen und voller Vorfreude auf die gemeinsame Reise,

Ihre Ingrid Stan & Team

Zum Beginn noch ein paar Infos für Sie.

Dieses Buch wurde mit viel Liebe und Sorgfalt gestaltet, um sowohl erfahrenen Hundehaltern als auch Neulingen in der Welt der Hunde einen wertvollen Begleiter zu bieten. Ob Sie sich schon lange mit Hunden umgeben oder ob Sie zum ersten Mal einen vierbeinigen Freund in Ihr Leben einladen, Sie finden hier wertvolle Informationen und Ratschläge.

Das Buch ist so aufgebaut, dass es allgemeine Themen rund um das Leben mit einem Hund behandelt, sowie spezielle Aspekte, die für den Welsh Corgi typisch sind. Jedes Kapitel beginnt mit allgemeinen Informationen und Ratschlägen zu Themen wie Ernährung, Erziehung, Pflege und Gesundheit. Anschließend finden Sie spezielle Abschnitte, die auf die Bedürfnisse und Besonderheiten der Rasse eingehen.

Diese speziellen Abschnitte sind für Sie besonders wichtig. Sie bieten tiefere Einblicke und detailliertere Informationen, die auf die speziellen Anforderungen und Eigenheiten dieser faszinierenden Hunde abgestimmt sind.

Egal, ob Sie gerade erst beginnen, sich für den Welsh Corgi zu interessieren, oder ob Sie bereits ein erfahrener Halter dieser Rasse sind – dieses Buch ist so gestaltet, dass es Ihnen hilft, Ihr Wissen zu vertiefen und Ihren Hund besser zu verstehen.

Ich lade Sie ein, dieses Buch in Ihrem eigenen Tempo zu lesen. Sie können es von Anfang bis Ende lesen oder zu speziellen Themen springen, die Sie besonders interessieren.

Vergessen Sie nicht, dass jeder Hund ein Individuum ist und es immer Ausnahmen von der Regel gibt. Nutzen Sie dieses Buch als Leitfaden, aber hören Sie auch auf Ihr Bauchgefühl und die Signale, die Ihr Hund Ihnen gibt.

Ich wünsche Ihnen viel Freude beim Lesen und Entdecken und vor allem ein wundervolles und erfülltes Leben mit Ihrem Welsh Corgi.

Doch jetzt genug der Einleitung. Einmal umblättern und es geht los mit unserer gemeinsamen Reise in die wunderbare Welt der Hunde.

So ist der Welsh Corgi

Der Welsh Corgi ist eine unverwechselbare Hunderasse, die sich durch ihren charmanten Charakter, ihre Intelligenz und ihr auffälliges Erscheinungsbild auszeichnet.

Bekannt in zwei Varianten – Welsh Corgi Pembroke und Welsh Corgi Cardigan– sind beide gleichermaßen faszinierend und dennoch in Details unterschiedlich.

Einzigartiges Aussehen

Mit seinem langen Körper, den kurzen Beinen und den großen, aufmerksamen Ohren hat der Welsh Corgi einen hohen Wiedererkennungswert.

Der Pembroke trägt oft eine natürliche „Fuchsschwanz"-Optik und wird traditionell kupiert oder mit kurzem Schwanz geboren, während der Cardigan einen langen, buschigen Schwanz hat.

Beide Varianten haben ein wetterfestes, dichtes Fell, das in verschiedenen Farben wie Rot, Tricolor, Blue Merle oder Sable vorkommt.

Charakter und Wesen

Der Welsh Corgi ist lebhaft, intelligent und voller Lebensfreude. Diese Hunde lieben es, Teil des Familienlebens zu sein, und sind bekannt für ihre enge Bindung zu ihren Menschen.

Sie sind neugierig, wachsam und mutig – Eigenschaften, die sie einst zu hervorragenden Hütehunden macht.

Trotz ihrer kompakten Größe bewahren sie sich eine große Persönlichkeit und zeigen eine gesunde Portion Selbstbewusstsein.

Ihr Charme wird durch ihren spielerischen, aber auch arbeitsfreudigen Charakter unterstrichen.

Corgis sind nicht nur loyal, sondern auch ausgesprochen lernfreudig, was sie zu idealen Kandidaten für Hundesportarten wie Agility, Obedience oder Rallye macht.

Familienhund mit Herz

Der Welsh Corgi ist ein hervorragender Familienhund. Er versteht sich gut mit Kindern und zeigt oft Geduld und Nachsicht, solange er respektvoll behandelt wird.

Seine soziale und freundliche Natur macht ihn zu einem großartigen Begleiter, sowohl für Einteilungen als auch für große Familien.

Allerdings neigt er aufgrund seiner Hütehund-Vergangenheit manchmal dazu, spielerisch in die Beine zu zwicken, was durch frühe Erziehung gut in den Griff zu bekommen ist.

Pflege und Bewegung

Die Pflege eines Welsh Corgis ist relativ unkompliziert, da sein Fell nur regelmäßige Bürsten benötigt, um lose Haare zu entfernen.

Trotz ihrer kurzen Beine sind Corgis erstaunlich aktiv und benötigen tägliche Bewegung und mentale Anregung.

Lange Spaziergänge, Spiele oder auch Trainingseinheiten sind ideal, um ihren Geist und Körper fit zu halten.

Ein treuer Begleiter fürs Leben

Der Welsh Corgi ist mehr als nur ein Haustier – er ist ein Freund, ein Clown, ein Beschützer und ein treuer Begleiter. Seine Vielseitigkeit, Intelligenz und liebenswerte Kunst machen ihn zu einem Hund, der nicht nur Herzen erobert, sondern auch jeden Tag bereichert.

Egal, ob Pembroke oder Cardigan – ein Corgi wird Ihr Leben mit seiner Energie, Hingabe und Liebe in vollen Zügen bereichern.

![Eine hübsche Rasselbande.]

Eine hübsche Rasselbande.

„Die bessere Hälfte des Menschen ist sein Hund." -
Friedrich Nietzsche

Welsh Corgi Cardigan.

Der Welsh Corgi ist eine faszinierende Hunderasse, die in zwei Varianten auftritt: den Welsh Corgi Cardigan und den Welsh Corgi Pembroke . Obwohl beide auf den ersten Blick ähnlich erscheinen, gibt es deutliche Unterschiede in ihrer Geschichte, ihrem Aussehen und ihrem Temperament. Hier sind die wichtigsten Merkmale, die die beiden Varianten unterscheiden:

Ursprung und Geschichte

Welsh Corgi Cardigan :
Der Welsh Corgi Cardigan ist die ältere der beiden Varianten und stammt aus der Region Cardiganshire in Wales.
Seine Geschichte reicht über 1.000 Jahre zurück, und er ist vermutlich mit den Hütehunden der Kelten verwandt.

Welsh Corgi Pembroke.

Welsh Corgi Pembroke :
Der Welsh Corgi Pembroke hat seinen Ursprung in Pembrokeshire und wurde durch Wikinger und flämische Siedler geprägt, die kleinere Hunde mitbrachten. Im Laufe der Zeit wurde er durch gezielte Zucht stärker geschult und erlangte durch seine Beliebtheit bei der britischen Königsfamilie große Bekanntheit.

Aussehen

Körperbau : Der Welsh Corgi Cardigan hat einen längeren und kräftigeren Körperbau, während der Welsh Corgi Pembroke kompakter und leichter wirkt.

Schwanz : Ein markanter Unterschied ist der Schwanz: Der Welsh Corgi Cardigan hat einen langen, buschigen Schwanz, während der Welsh Corgi Pembroke keinen Schwanz hat (kupiert) oder von Natur aus einen sehr kurzen.

Fellfarben : Beide Varianten kommen in verschiedenen Farben vor, jedoch ist der Welsh Corgi Cardigan einfarbig in Blue Merle zu sehen, während der Welsh Corgi Pembroke extern in Rot, Tricolor oder Sable erscheint.

Ohren : Die Ohren des Welsh Corgi Cardigan sind etwas größer und abgerundeter, während die Ohren des Welsh Corgi Pembroke spitzer und kleiner sind.

Charakter und Temperament

Welsh Corgi Cardigan : Der Welsh Corgi Cardigan ist oft etwas zurückhaltender und eigenständiger. Er ist wachsam, treu und eignet sich hervorragend als ruhiger Familienhund, der dennoch aktiv und arbeitsfreudig ist.

Welsh Corgi Pembroke : Der Welsh Corgi Pembroke ist offener, kontaktfreudiger und manchmal ein wenig forscher. Er liebt es, im Mittelpunkt zu stehen, und zeigt sich meist sehr verspielt und anpassungsfähig.

Arbeitseinstellung

Beide Varianten sind Hütehunde und zeigen eine hohe Intelligenz und Arbeitsfreude. Der Welsh Corgi Pembroke wird jedoch oft als etwas aktiver und extrovertierter beschrieben, während der Welsh Corgi Cardigan einen bedächtigeren Ansatz zeigt und dabei dennoch hoch konzentriert arbeitet.

Pflege

Die Pflege beider Welsh Corgi-Typen ist ähnlich: Sie haben ein dichtes, wetterfestes Doppelfell, das regelmäßig gebürstet werden sollte, besonders während des Fellwechsels. Beide Varianten neigen dazu, ihre Energie durch Bewegung und geistige Anregung auszugleichen, weshalb tägliche Aktivität essenziell ist.

Der Welsh Corgi Cardigan und der Welsh Corgi Pembroke sind beide außergewöhnliche Hunde mit einzigartigen Eigenschaften. Der Welsh Corgi Cardigan ist ideal für Menschen, die einen ruhigen, treuen Begleiter suchen, während der Welsh Corgi Pembroke perfekt für aktive Familien ist, die einen charmanten und kontaktfreudigen Hund möchten. Beide Varianten teilen sich jedoch ihren Mut, ihre Intelligenz und ihre tiefe Bindung zu ihren Menschen.

Wetterfestes Doppelfell.

Das fell und die farben dieser Rasse.

Das Fell des Welsh Corgis, sowohl beim Welsh Corgi Pembroke als auch beim Welsh Corgi Cardigan , ist eines seiner auffälligsten Merkmale. Es ist nicht nur ein wichtiges Schutzschild gegen Witterungseinflüsse, sondern auch ein entscheidendes Erkennungsmerkmal dieser charmanten Hunderasse.

Beide Varianten haben ein wetterfestes Doppelfell, doch in den Details gibt es Unterschiede, die sie voneinander abheben.

Tolle Farben.

Aufbau des Fells
Das Fell des Welsh Corgis besteht aus zwei Schichten:

Unterwolle : Die dichte, weiche Unterwolle dient als Isolierung gegen Kälte und Hitze. Sie hilft dem Hund, seine Körpertemperatur zu regulieren und bietet Schutz vor extremen Wetterbedingungen.

Deckhaar : Das Deckhaar ist mittellang, gerade und von festerer Struktur. Es ist wasserabweisend und schützt den Hund vor Regen, Schmutz und Schnee.

Dieses Doppelfell sorgt dafür, dass der Welsh Corgi sowohl bei kaltem als auch bei warmem Wetter gut geschützt ist.

Allerdings bedeutet es auch, dass Corgis vor allem während des Fellwechsels stark haaren, regelmäßiges Bürsten erforderlich macht.

Fellfarben beim Welsh Corgi

Die Fellfarben des Welsh Corgis variieren je nach Variante, und jede hat ihre charakteristischen Merkmale:

Fellfarben beim Welsh Corgi Pembroke

Der Welsh Corgi Pembroke ist für seine klaren, warmen Farben bekannt. Zu den häufigsten Farbvarianten gehören:

Rot mit Weiß : Eine der häufigsten Farben, bei der das Fell in verschiedenen Rottönen erscheint, ergänzt durch weiße Abzeichen an Brust, Pfoten, Hals und oft im Gesicht.

Sable mit Weiß : Sable-Färbung zeigt sich durch eine Mischung aus Rot- und Schwarzschattierungen, oft mit weißen Abzeichen.

Tricolor (Schwarz, Weiß und Rot) : Diese Variante kombiniert schwarzes Deckhaar mit roten und weißen Abzeichen an Gesicht, Brust, Beinen und manchmal an der Unterseite des Körpers.

Der Welsh Corgi Pembroke hat in der Regel kein auffälliges Muster wie Merle, was ihn vom Cardigan unterscheidet.

Fellfarben beim Welsh Corgi Cardigan

Der Welsh Corgi Cardigan zeigt eine größere Vielfalt an Farben und Mustern. Häufige Farbvarianten sind:

Blue Merle mit Weiß : Eine auffällige Kombination aus grau-bläulichen Flecken auf schwarzem Grund, ergänzt durch weiße Abzeichen. Diese Farbe ist charakteristisch für den Cardigan und macht ihn besonders markant.

Brindle mit Weiß : Eine gestreifte Musterung, bei der braune und schwarze Töne miteinander verschmelzen, häufig ergänzt durch weiße Abzeichen.

So hübsche Hunde.

Rot mit Weiß : Ähnlich wie beim Pembroke, jedoch oft in einem etwas dunkleren Rotton.

Tricolor (Schwarz, Weiß und Braun) : Schwarzes Deckhaar, ergänzt durch braune und weiße Abzeichen, die oft an Kopf, Brust und Beinen vorkommen.

Der Welsh Corgi Cardigan hat durch seine vielfältigen Muster und Farben eine besonders individuelle Optik.

Unterschiede im Fell zwischen Pembroke und Cardigan
Neben den Farbvarianten gibt es auch kleine Unterschiede in der Textur des Fells:

Das Fell des Welsh Corgi Pembroke ist in der Regel etwas glatter und kürzer. Es hat einen eleganteren Look und fühlt sich oft etwas feiner an.

Das Fell des Welsh Corgi Cardigan ist häufig etwas länger und dichter, was ihn robuster erscheinen lässt. Dies spiegelt seine Ursprünge als Hütehund in oft raueren Bedingungen wider.

Pflege des Fells

Egal ob Welsh Corgi Pembroke oder Cardigan – beide Varianten benötigen regelmäßige Fellpflege:

Bürsten : Wöchentliches Bürsten reicht im Normalfall aus, um Haare zu entfernen und die Haut gesund zu halten. Während des Fellwechsels (zweimal im Jahr) sollte hauptsächlich gebürstet werden.

Baden : Der Welsh Corgi sollte nur bei Bedarf gebadet werden, da sein Fell von Natur aus schmutzabweisend ist. Bei häufigem Baden können die natürlichen Öle im Fell entfernt werden.

Kontrolle der Unterwolle : Besonders bei dichtem Fell wie dem Cardigans ist es wichtig, die Unterwolle regelmäßig zu überprüfen und Verfilzungen zu vermeiden.

Fazit

Das Fell des Welsh Corgis ist nicht nur ein Blickfang, sondern auch funktional und anpassungsfähig.

Ob die klaren, warmen Farben des Welsh Corgi Pembroke oder die vielfältigen Muster und intensiven Farbkombinationen des Welsh Corgi Cardigan – beide Varianten werden durch ihre einzigartigen Merkmale bedruckt.

Mit der richtigen Pflege bleibt das Fell des Corgis gesund, glänzend und ein Ausdruck seiner charmanten Persönlichkeit.

Hündin mit Ihrem Welpen.

Bis zu ca. 15 Kg Gewicht werden erreicht.

Der Welsh Corgi, sowohl der Welsh Corgi Pembroke als auch der Welsh Corgi Cardigan , ist eine kompakte, robuste Hunderasse mit einer bemerkenswerten Ausstrahlung. Ihr Wachstum und ihre Lebenserwartung sind wesentliche Aspekte, die zukünftige Besitzer beachten sollten, um diese besonderen Hunde besser zu verstehen und optimal zu versorgen.

Wachstum des Welsh Corgi

Die Wachstumsphase eines Welsh Corgis ist gut definiert und verläuft in mehreren Etappen:

Welpenphase (0-6 Monate) :

In den ersten Lebensmonaten wachsen Welsh Corgis am schnellsten. In dieser Zeit erreichen sie den Großteil ihrer späteren Größe und ihres Gewichts. Eine gute Ernährung, ausreichende Bewegung und regelmäßige Tierarztbesuche sind in dieser Phase besonders wichtig.

Junghundphase (6-12 Monate) :
Das Wachstum verlangsamt sich allmählich. Die Hunde entwickeln ihre Muskeln und beginnen, ihre endgültige Statur zu zeigen.

Ausgewachsener Hund (12-18 Monate) :
Mit etwa einem Jahr ist ein Welsh Corgi in der Regel ausgewachsen. Bei einigen Hunden dauert es bis zum Alter von 18 Monaten, bis sie ihre volle Körperform erreicht hat.

Größe und Gewicht
Größe :

Der Welsh Corgi ist eine kompakte Hunderasse mit kurzen Beinen und einem langen Körper.

Welsh Corgi Pembroke : Schulterhöhe ca. 25-30 cm

Welsh Corgi Cardigan : Schulterhöhe ca. 30-33 cm (etwas größer und kräftiger als der Pembroke)

Gewicht :

Ein gesunder Welsh Corgi sollte das ideale Gewicht für seine Größe haben, da Übergewicht bei dieser Rasse schnell zu gesundheitlichen Problemen wie Gelenkerkrankungen führen kann.

Welsh Corgi Pembroke : 10-12 kg (Hündinnen tendieren zu einem etwas niedrigeren Gewicht)

Welsh Corgi Cardigan : 11-15 kg (aufgrund des kräftigeren Körperbaus)

Lebenserwartung

Die Lebenserwartung eines Welsh Corgis liegt im Durchschnitt zwischen 12 und 15 Jahren .

Dabei gibt es natürlich individuelle Unterschiede, die von genetischen Faktoren, Gesundheitsvorsorge und Lebensstil abhängen.

Mit der richtigen Pflege und regelmäßigen Tierarztbesuchen kann ein Corgi ein langes und gesundes Leben führen.

Tipps für ein gesundes Wachstum und ein langes Leben

Ernährung :

Eine ausgewogene Ernährung ist entscheidend für das Wachstum und die allgemeine Gesundheit des Welsh Corgis. Futter mit hochwertigem Eiweiß, gesunden Fetten und essentiellen Nährstoffen ist besonders wichtig.

Bewegung :

Corgis sind aktive Hunde und benötigen regelmäßige Bewegung, um fit zu bleiben und Übergewicht zu vermeiden. Spaziergänge, Spiele und geistig anregende Aktivitäten wie Hundesport sind ideal.

Pflege der Gelenke :

Aufgrund ihres langen Körpers und der kurzen Beine neigen Welsh Corgis zu Rücken- und Gelenkproblemen. Übermäßige Sprünge oder das Treppensteigen sollten vermieden werden, besonders im Wachstum.

Tierarztbesuche :

Regelmäßige Kontrolluntersuchungen helfen, gesundheitliche Probleme rechtzeitig zu erkennen und die Lebenserwartung zu verlängern.

Liebe und Aufmerksamkeit :

Ein glücklicher Welsh Corgi ist ein gesunder Welsh Corgi. Die Bindung zu seiner Familie ist entscheidend für das Wohlbefinden dieser treuen Hunde.

So ein süßer Schatz.

Fazit

Der Welsh Corgi ist eine robuste und langlebige Hunderasse, die von ihrer charmanten Persönlichkeit und ihrer vitalen Kunst begeistert ist.

Mit einer Größe von etwa 25–33 cm , einem Gewicht von 10–15 kg und einer Lebenserwartung von 12–15 Jahren sind Welsh Corgis ideale Begleiter, die bei guter Pflege und Zuwendung ein erfülltes Leben führen können.

Der Corgi im Einsatz

Der Welsh Corgi, sowohl der Welsh Corgi Pembroke als auch der Welsh Corgi Cardigan , hat sich nicht nur als liebenswerter Familienhund, sondern auch als vielseitiger Arbeitshund bewährt.

Dank seiner Intelligenz, Anpassungsfähigkeit und seinem freundlichen Wesen findet er in verschiedenen Einsatzbereichen eine wichtige Rolle – von traditionellen Aufgaben bis hin zu modernen Anwendungsfeldern wie Therapie- und Begleithundearbeit.

Ursprung als Hütehund

Traditionell wurde der Welsh Corgi als Hütehund eingesetzt. Trotz seiner geringen Größe erwies er sich als äußerst effizient beim Treiben von Rindern und Schafen. Mit seiner Wendigkeit und seinem Mut konnte er Tiere geschickt leiten und ihre Bewegungen kontrollieren, ohne von ihnen überrannt zu werden. Dieser Hüteinstinkt ist noch heute in der Rasse vorhanden und macht sie zu hervorragenden Arbeitshunden in landwirtschaftlichen Gebieten, insbesondere in kleineren Betrieben.

Welsh Corgis als Therapiehunde

Der Welsh Corgi eignet sich hervorragend als Therapiehund, vor allem aufgrund seines sozialen Wesens und seiner Bindung zu Menschen.

Hier sind einige Gründe, warum diese Rasse in der tiergestützten Therapie erfolgreich ist:

Freundlichkeit : Welsh Corgis sind von Natur aus menschenbezogen und liebevoll, was sie zu idealen Partnern für Menschen mit emotionalen oder körperlichen Herausforderungen macht.

Intelligenz : Ihr schnelles Auffassungsvermögen ermöglicht es ihnen, Situationen zu analysieren und angemessen zu reagieren, beispielsweise auf die Bedürfnisse von Patienten in Krankenhäusern oder Pflegeheimen.

Größe : Mit ihrer mittleren Größe sind sie handlich und leicht zu führen, was in therapeutischen Einstellungen von Vorteil ist.

Corgis kommen häufig bei der Arbeit mit Kindern, Senioren oder Menschen mit psychischen Erkrankungen zum Einsatz. Ihre fröhliche und aufmerksame Kunst kann Ängste lindern, das Selbstvertrauen stärken und emotionale Barrieren abbauen.

Corgis als Assistenzhunde

Obwohl sie weniger häufig als traditionelle Assistenzhunde wie Labradore oder Golden Retriever eingesetzt werden, sind Welsh Corgis durchaus fähig, diese Rolle zu erfüllen. Sie können beispielsweise als:

Begleithunde für Menschen mit körperlichen Einschränkungen : Corgis können kleine Gegenstände aufheben, Türen öffnen oder Knöpfe betätigen.

Signalhunde : Dank ihrer hohen Wachsamkeit können sie als Signalhunde für Menschen mit Hörverlust dienen, indem sie auf Geräusche wie Türklingeln, Telefone oder Alarme aufmerksam machen.

Welsh Corgis in Such- und Rettungseinsätzen

Auch in der Rettungsarbeit finden Welsh Corgis Anwendung, insbesondere in der Flächensuche. Ihre kleine Größe erlaubt ihnen, sich durch enge Passagen zu bewegen, und ihr ausgeprägter Geruchssinn macht sie effektiv bei der Suche nach Vermissten in schwierigen Geländen.

Corgis als Botschafter für Freude

Dank ihrer charmanten Ausstrahlung und ihres freundlichen Wesens werden Welsh Corgis oft in Programmen eingesetzt, die Freude und Lebensqualität fördern. Beispiele sind:

Schulbesuche : Welsh Corgis können Kindern helfen, Ängste abzubauen und den Umgang mit Hunden zu lernen. Sie eignen sich hervorragend, um Schulkindern Empathie, Verantwortungsbewusstsein und den richtigen Umgang mit Tieren zu vermitteln.

Besuche in Pflegeheimen : Ihr liebevolles Wesen und ihre geringe Größe machen sie ideal für Besuche in Pflegeeinrichtungen. Sie sorgen für Abwechslung und zaubern den Bewohnern ein Lächeln ins Gesicht.
Weitere Einsatzmöglichkeiten
Neben klassischen Einsatzbereichen sind Welsh Corgis auch in anderen spannenden Rollen zu finden:

Hundesport : Corgis sind aufgrund ihrer Energie und Intelligenz erfolgreiche Teilnehmer an Sportarten wie Agility, Obedience oder Flyball. Ihre Begeisterung für Herausforderungen und ihre Bindung zu ihren Menschen machen sie zu starken Teamsportlern.

Emotionale Unterstützung : Viele Menschen finden in einem Welsh Corgi einen treuen Begleiter, der durch seine Anwesenheit Trost spendet. Sei es in stressigen Lebensphasen oder in alltäglichen Herausforderungen – die Verbindung zu einem Corgi kann eine wertvolle emotionale Stütze sein. , neue Aufgaben zu meistern, was sie in vielen Einsatzbereichen flexibel einsetzbar macht.

Arbeitsfreude : Welsh Corgis sind motiviert, ihren Menschen gefallen und arbeiten gerne. Diese Eigenschaft macht sie besonders effektiv bei unterstützenden und aktiven Rollen.

Freundliches Wesen : Sie sind von der Natur aus kontaktfreudig und gehen

Ein ausgezeichneter Therapiehund!

offen auf Menschen zu, was sie in sozialen und therapeutischen Kontexten wertvoll macht.

Fazit

Der Welsh Corgi ist nicht nur ein charmanter Familienhund, sondern auch ein vielseitiger Arbeitspartner, der in vielen Bereichen glänzen kann. Ob als Therapiehund, Assistenzhund, Such- und Rettungshund oder einfach als Botschafter für Freude – seine Intelligenz, Anpassungsfähigkeit und sein liebevolles Wesen machen ihn zu einem Hund, der Menschen auf unterschiedlichste Weise bereichern kann.

Mit der richtigen Ausbildung und Förderung kann ein Welsh Corgi weit über seine ursprünglichen Aufgaben als Hütehund hinauswachsen und zum treuen Begleiter und Helfer in vielen Lebensbereichen werden.

Gibt es eigentlich so wirklich berühmte Vertreter
dieser wunderbaren Rasse?

Hier sind einige berühmte Vertreter der Rasse Welsh Corgi, die weltweit für
ihre charmante Persönlichkeit und Verbindung zu bekannten Persönlichkeiten
oder Medien bekannt geworden sind:

Dookie und Jane

Hintergrund : Diese beiden Welsh Corgis waren die ersten Hunde der briti-
schen Königsfamilie, die von König George VI. und Königin Elizabeth (die
Königinmutter) in den 1930er Jahren adoptiert wurden.
Sie legen den Grundstein für die lange Tradition von Corgis im britischen
Königshaus.
Besonderheit : Sie halfen, die Rasse international bekannt zu machen und
wurden oft auf Familienfotos der königlichen Familie abgebildet.

Susan

Hintergrund : Susan war ein Welsh Corgi Pembroke, die Königin Elizabeth II.
zu ihrem 18. Geburtstag 1944 erhielt.
Besonderheit : Sie wurde zum Stammbaumhund des späteren königlichen Cor-
gis. Alle weiteren Corgis der Königin stammen direkt von Susan ab. Elisabeth
II. war berühmt für ihre Liebe zu ihren Corgis, die sie während ihrer gesamten
Regentschaft begleiteten.

Rufus und Whiskey

Hintergrund : Rufus, ein Welsh Corgi Pembroke, gehörte der britischen
Schriftstellerin Agatha Christie. Später kam Whiskey hinzu, ebenfalls ein
Corgi.
Besonderheit : Rufus soll ein treuer Begleiter der berühmten Krimiautorin ge-
wesen sein, und Corgis fanden sich in einigen ihrer Geschichten Erwähnung.

Rex

Hintergrund : Rex war ein animierter Welsh Corgi und die Hauptfigur im Film
Royal Corgi (2019), eine humorvolle Geschichte über das Abenteuer eines
Corgis aus dem britischen Königshaus.

Besonderheit : Der Film brachte den Charme und die Eigenheiten der Corgis auf unterhaltsame Weise einem breiten Publikum näher.

Callie

Hintergrund : Callie ist der Corgi des Schauspielers und Komikers Stephen Fry.
Besonderheit : Stephen Fry teilt regelmäßig Fotos und Geschichten über Callie in den sozialen Medien, was die Fangemeinde der Rasse weiter vergrößerte.

Ein aus Cowboy Bebop

Hintergrund : Ein, ein animierter Welsh Corgi Pembroke, ist eine der Hauptfiguren in der beliebten Anime-Serie Cowboy Bebop .
Besonderheit : In der Serie ist Ein „Datenhund" mit übermenschlicher Intelligenz, was ihn zu einem Kultcharakter unter Anime-Fans macht. Diese berühmten Welsh Corgis haben auf ganz unterschiedliche Weise dazu beigetragen, das Bewusstsein und die Begeisterung für diese liebenswerte Rasse zu fördern.

Ursprung und Entwicklung der Rasse

Der Welsh Corgi zählt zu den ältesten Hunderassen Großbritanniens und hat eine beeindruckende Geschichte, die eng mit den ländlichen Traditionen und der Kultur von Wales verbunden ist. Die Rasse tritt in zwei Varianten auf – den Welsh Corgi Pembroke und den Welsh Corgi Cardigan . Beide haben einen gemeinsamen Ursprung, entwickelten sich jedoch im Laufe der Zeit in unterschiedliche Richtungen.

Ursprünge der Rasse

Die Geschichte des Welsh Corgis reicht über 1.000 Jahre zurück. Die Rasse wurde ursprünglich als Hütehund gezüchtet und war bekannt für ihre Fähigkeit, Rinder und Schafe zu treiben. Trotz ihrer geringen Größe waren Corgis äußerst wendig und mutig, was sie zu idealen Begleitern für Landwirte machte. Ihr tieferer Körperschwerpunkt erlaubte es ihnen, sich unter den Hufen von Tieren hindurchzubewegen, ohne verletzt zu werden, während sie durch Zwicken in den Fersen die Herde antrieben.

Es wird davon ausgegangen, dass die Vorfahren des Welsh Corgis von den Kelten mit nach Wales gebracht wurden. Der Name „Corgi" stammt möglicherweise aus dem Walisischen und setzt sich aus den Wörtern „cor" (Zwerg) und „gi" (Hund) zusammen, was „Zwergenhund" bedeutet.

Unterschiede zwischen Pembroke und Cardigan

Die zwei Varianten des Welsh Corgis haben sich in unterschiedlichen Regionen von Wales entwickelt:

Welsh Corgi Cardigan :
Diese Variante ist die ältere und stammt aus Cardiganshire. Die Cardigans sind vermutlich mit den Hütehunden verwandt, die von den Kelten nach Wales gebracht wurden. Ihr kräftiger Körperbau und die größere Vielfalt an Fellfarben spiegeln ihre lange Geschichte als robuste Arbeitshunde wider.

Welsh Corgi Pembroke :
Der Pembroke entwickelte sich in Pembrokeshire und wurde durch die Wikinger und flämischen Siedler beeinflusst, die kleinere Hunde mitbrachten. Durch selektive Zucht entstand ein kompakter, wendiger Hund, der leichter gebaut ist als der Cardigan. Die Pembrokes wurden später durch ihre Verbindung zur britischen Königsfamilie weltberühmt.

Rolle in der Geschichte

Welsh Corgis waren in der walisischen Folklore stark vertreten. Einer Legende zufolge waren sie die Reit- und Arbeitshunde der walisischen Feen, die auf dem Rücken der Corgis durch die Wälder ritten. Die hellen Markierungen auf ihren Schultern sollen die Abdrücke der Feenzäume darstellen.

Im Alltag der Menschen spielten Welsh Corgis jedoch eine praktische Rolle: Sie waren nicht nur Hütehunde, sondern auch zuverlässige Wachhunde, die Haus und Hof beschützten. Ihre Vielseitigkeit und Intelligenz macht sie zu unverzichtbaren Helfern in der Landwirtschaft.

Der Welsh Corgi in der Moderne

Die Popularität des Welsh Corgis wuchs mit der Zeit, besonders durch die britische Königsfamilie. König Georg VI. Seine Töchter schenkten in den 1930er

Jahren einen Welsh Corgi namens Dookie. Später erhielt Königin Elisabeth II. Zu ihrem 18. Geburtstag wurde ein Pembroke namens Susan, der Stammbaumhund ihres späteren Corgis.

Heute wird der Welsh Corgi nicht mehr nur als Arbeitshund eingesetzt, sondern ist ein geschätztes familiäres und Begleithund. Er hat sich seinen Platz in der modernen Gesellschaft bewahrt, indem er seinen charmanten Charakter, seine Intelligenz und seine Anpassungsfähigkeit unter Beweis stellt.

Fazit

Die Geschichte des Welsh Corgis ist geprägt von härterer Arbeit, erzeugen Verbindungen zu den Menschen und einem Hauch von Mythologie.

Ob als mutiger Hütehund, königlicher Liebling oder treuer Familienhund – der Welsh Corgi hat sich durch die Jahrhunderte hindurch seinen Ruf als einer der liebenswertesten und vielseitigsten Hunderassen der Welt verdient.

Ein toller Familienhund.

„Egal wie wenig Geld und Besitz du hast, einen Hund zu haben, macht dich reich."

Louis Sabin

Genau sein Ding: Hütearbeit

Die Entwicklung der Hütearbeit von Hunden

Die Anfänge

Die Beziehung zwischen Hunden und Menschen reicht Tausende von Jahren zurück, wobei die genaue Zeit schwer zu bestimmen ist. Schon sehr früh erkannten unsere Vorfahren, dass Hunde ihnen helfen konnten, ihren Lebensunterhalt zu bestreiten, indem sie zur Jagd, zum Schutz und zur Hütearbeit eingesetzt wurden.

Die ersten Hütehunde tauchten vermutlich vor etwa 5.000 Jahren auf, als Menschen begannen, Tiere zu domestizieren und Vieh zu halten. Es ist wahrscheinlich, dass die ersten Hütehunde aus Wolfshunden hervorgingen, die für ihre Fähigkeit ausgewählt wurden, Herden zu kontrollieren und zu schützen.

Mit der Zeit wurden bestimmte Eigenschaften wie Gehorsam, Intelligenz und ein natürlicher Hüteinstinkt selektiv gezüchtet.

Mittelalter und Neuzeit

Im Mittelalter und in der Neuzeit wurden Hütehunde in Europa immer wichtiger. Während dieser Zeit wurden viele der Rassen entwickelt, die wir heute kennen, darunter der Collie, der Australian Shepherd, der Schäferhund und viele andere. Diese Hunde wurden für verschiedene Arten von Herden verwendet, einschließlich Schafen, Rindern und sogar Enten, und sie wurden gezüchtet, um spezifische Aufgaben zu erfüllen, wie das Treiben, Bewachen und Sammeln von Herden.

Moderne Zeiten

In modernen Zeiten hat die Hütearbeit von Hunden in vielen Teilen der Welt an Bedeutung verloren, da die Landwirtschaft immer stärker mechanisiert wurde und weniger Arbeitskräfte erforderlich waren. Trotzdem spielen Hütehunde in vielen ländlichen Gebieten noch immer eine wichtige Rolle, und die Fähigkeiten und Intelligenz dieser Hunde sind nach wie vor hoch geschätzt.

Darüber hinaus gibt es in vielen Ländern Wettbewerbe und Veranstaltungen, bei denen Hütehunde ihre Fähigkeiten unter Beweis stellen können. Diese Wettbewerbe, oft als „Hütehundprüfungen" oder „Trials" bezeichnet, beinhalten eine Vielzahl von Aufgaben, die die Fähigkeiten eines Hütehundes testen, wie z.B. das Treiben von Schafen durch verschiedene Hindernisse.

Auch wenn die Hütearbeit von Hunden in vielen Teilen der Welt weniger üblich geworden ist, sind die Fähigkeiten und das Erbe dieser Hunde noch immer ein integraler Bestandteil ihrer Rassen. Viele Hütehunde haben einen starken Hüteinstinkt und können diese Fähigkeiten auf verschiedene Weisen nutzen, sei es beim Hüten von Herden, bei der Teilnahme an Hütehundprüfungen oder einfach beim Spielen und Interagieren mit ihren menschlichen Familien.

Die Hütearbeit im 21. Jahrhundert

Inzwischen ist die Notwendigkeit für Hütehunde in der traditionellen Landwirtschaft in vielen Teilen der Welt gesunken. Doch auch wenn die mechanisierte Landwirtschaft die Arbeit vieler Hütehunde überflüssig gemacht hat, ist ihre Verwendung nicht völlig verschwunden. In vielen Regionen, besonders in bergigen oder abgelegenen Gebieten, sind Hütehunde nach wie vor unerläss lich. Sie sind oft effizienter und schonender für die Herde als mechanische Alternativen und können in Geländeformen arbeiten, die für Fahrzeuge unzugänglich sind.

Darüber hinaus hat das wachsende Interesse an Hütehundprüfungen und -wettbewerben dazu geführt, dass viele Hütehunde ihre Fähigkeiten in einem sportlichen Kontext unter Beweis stellen können. Diese Veranstaltungen bieten eine Möglichkeit, die traditionellen Fähigkeiten und das Training der Hütehunde zu bewahren und zu feiern.

Die Rolle von Hütehunden in der heutigen Gesellschaft

Auch außerhalb der Hütearbeit haben Hütehunde viele Rollen in der heutigen Gesellschaft gefunden. Ihre Intelligenz, ihr Einfallsreichtum und ihre Arbeitsmoral machen sie zu ausgezeichneten Kandidaten für eine Vielzahl von Aufgaben, einschließlich Such- und Rettungsdienste, Therapie- und Assistenzhundearbeit, Drogendetektion und viele andere spezialisierte Rollen.

Darüber hinaus sind Hütehunde oft geliebte Familienmitglieder, die ihre Besitzer mit ihrer Loyalität, ihrer Freundlichkeit und ihrem Wunsch zu gefallen erfreuen. Auch wenn sie nicht mehr so oft zum Hüten eingesetzt werden, sind ihre natürlichen Instinkte und Fähigkeiten ein faszinierender Teil ihrer Persönlichkeit und machen sie zu einer einzigartigen Ergänzung für viele Haushalte.

Insgesamt hat sich die Hütearbeit von Hunden im Laufe der Jahrhunderte stark verändert, doch das grundlegende Band zwischen Mensch und Hund, das durch die gemeinsame Arbeit aufgebaut wurde, bleibt bestehen. Hütehunde mögen in der modernen Welt weniger für ihre traditionelle Rolle benötigt werden, aber ihre Fähigkeiten, ihre Intelligenz und ihr Erbe sind weiterhin ein wichtiger und geschätzter Teil ihrer Identität.

Hüten mag der Corgi.

"Einen Hund zu lieben, zählt zu den tollsten Dingen überhaupt, oder? Dadurch wirken unsere Beziehungen zu Menschen so langweilig wie eine Schüssel Haferflocken." - John Grogan

Der Corgi zieht ein.

Na also, endlich ist es so weit! Ihr ausgesuchter Welpe hat jetzt das richtige Alter und Sie können ihn beim Züchter abholen. Was für ein Hammer-Tag!

Oder vielleicht haben Sie sich ja auch für einen älteren Hund entschieden, der einen ganz anderen Background hat. Egal, wie es aussieht - heute steht Ihre Welt auf dem Kopf.

Aber bevor Ihr neuer pelziger Kumpel bei Ihnen einzieht, gibt es ein paar Dinge, die Sie im Kopf behalten und ein paar Vorbereitungen, die Sie treffen sollten.

Woher bekommen Sie Ihren Hund?
Das ist wirklich eine der ersten Fragen, die Sie sich stellen sollten, wenn Sie darüber nachdenken, einen Hund zu holen.

Grundsätzlich haben Sie drei Wege, um an einen typgerechten Welpen zu kommen:

- Kommerzielle Händler
- Verantwortungsbewusste Züchter
- Tierheim

Eins vorweg: Lassen Sie die Finger von kommerziellen Händlern. Die behandeln die Tiere nur wie Ware und scheren sich überhaupt nicht darum, was nach dem Kauf mit den Hunden oder den neuen Besitzern passiert. Sozialisierung und Prägung? Fehlanzeige. Probleme später? Garantiert. Außerdem würden Sie mit einem solchen Kauf dieses teilweise wirklich miese Geschäft unterstützen. Was zuerst wie ein Schnäppchen aussieht, kann schnell zu einer Kostenfalle werden, wenn die Tierarztrechnungen kommen.

Erfahrene Hundehalter können natürlich einem Vierbeiner aus dem Tierheim eine Chance geben. Aber bedenken Sie, diese Tiere sind oft schon geprägt und man weiß nicht immer, unter welchen Bedingungen sie vorher gelebt haben. Schnappen Sie sich nicht voreilig einen dieser armen Kerle - wenn Sie nicht mit ihm zurechtkommen, landet er oft wieder im Tierheim und der Hund ist der Leidtragende. 2nd-Hand-Hunde sind eher etwas für Leute, die viel Zeit, Geduld und Erfahrung mit Hunden haben.

Ihre beste Chance, einen gesunden und typischen Welpen zu bekommen, haben Sie definitiv bei einem seriösen Züchter. Klar, ein gut sozialisierter und liebevoll geprägter Hund ist dort nicht zum Ramschpreis zu haben - aber Sie bekommen wahrscheinlich einen rassetypischen Hund, an dem Sie viele Jahre lang Spaß haben werden.

VDH-Züchter
(auch ÖKV/SKG)

Auf der Suche nach einem guten Züchter sollten Sie sich am besten an die Rassezuchtvereine im VDH (ÖKV, SKG) wenden. Die Kontaktdaten finden Sie im Service-Teil dieses Buches.
Der Verband für das Deutsche Hundewesen (VDH) ist sozusagen die deutsche Dachorganisation für Hundezucht und achtet streng darauf, dass nur vertrauenswürdige Züchter in den angeschlossenen Vereinen für Nachwuchs sorgen. Züchter, die im VDH sind, halten sich an die Regeln, paaren nur geeignete Hunde und kümmern sich von Tag eins an um die Gesundheit ihrer Welpen. Ein VDH-Züchter bietet Ihnen daher maximale Sicherheit bei der Wahl Ihres

neuen Familienmitglieds. Das Gleiche gilt für ÖKV und SKG.

Klar, nicht jeder Züchter, der nicht im Verband ist, muss unseriös sein. Aber sicher ist sicher, oder?

Welcher Welpe soll es sein?

Schon bei der Auswahl des Welpen können die ersten Fehler passieren - oft geht es ja nur darum, wer von der Bande gerade der „Niedlichste" ist. Aber das ist genauso daneben, als würden Sie sich ein Auto nur nach der Farbe aussuchen. Wenn Sie nur ein paar Kilometer durch die Stadt zum Einkaufen fahren, brauchen Sie ein anderes Auto als wenn Sie jeden Tag bei Wind und Wetter von Hamburg nach München düsen würden - da spielt die Farbe wirklich die kleinste Rolle.

Genauso ist es bei Ihrem Welpen. Nicht der süßeste Welpe ist der richtige, sondern der, der am besten zu Ihnen passt. Haben Sie die Erfahrung und die Ruhe, um einem ängstlichen kleinen Kerl ins Leben zu helfen oder sollte es ein total aufgeschlossener Welpe sein? Mögen Sie eher einen ruhigen Hund oder einen, der immer Action will?

Sie sehen schon, es geht nicht ums Aussehen, sondern um den Charakter Ihres neuen Familienmitglieds, mit dem Sie ja locker 10-15 Jahre zusammen sein werden.

Jetzt verstehen Sie bestimmt auch, warum der Züchter Ihnen so viele, teilweise wirklich private Fragen stellt - er will herausfinden, wie Sie „ticken", um Ihnen dann den Hund zu zeigen, der am ehesten Ihren Wünschen und Anforderungen entspricht. Vertrauen Sie ihm - er kennt seine Hunde in- und auswendig und hat meistens auch ein gutes Gespür für Menschen. Der Züchter wird alles tun, um sicherzustellen, dass es seinem Welpen gut geht und er den passendsten Besitzer bekommt.

Gesunder Stammbaum

Achten Sie darauf, dass Ihr junger Hund aus einer soliden Zucht stammt und seine Eltern gesund, rassetypisch und charakterstark sind. Ein guter Züchter kann Ihnen jederzeit die Mutterhündin zeigen, denn sie lebt ja bei ihm. Und er wird Ihnen eine Ahnentafel zeigen, die genau aufzeigt, woher der kleine Hund kommt, ausgestellt vom Rassezuchtverein. Dazu sollte er die nötigen Impfungen nachweisen können, denn bei der Übergabe an Sie sollte der Welpe mindestens gegen Staupe, ansteckende Hepatitis, Leptospirose und

Parvovirose geimpft und entwurmt sein.

Wenn Sie irgendwelche Zweifel haben, fragen Sie einfach beim zuständigen Rassezuchtverein nach. Die sind immer froh, wenn sie gegen unseriöse Hundevermehrer und -händler vorgehen können. Alle, die die Rasse wirklich lieben und sich um ihre Erhaltung kümmern, sind dabei auf Ihrer Seite.

Rüde oder Hündin?

„Rüden schließen sich nur dem Mann in der Familie an und sind schwieriger zu erziehen, Hündinnen sind anhänglicher." Vergessen Sie solche Pauschalurteile, jeder Hund ist anders. Letztlich hängt die Wahl des Geschlechts wahrscheinlich von Ihren eigenen Vorlieben und praktischen Überlegungen ab. Wenn Sie später selbst züchten wollen, brauchen Sie natürlich eine Hündin. Ansonsten sollten Sie sich die Unterschiede zwischen den Geschlechtern klar machen. Eine Hündin wird zweimal im Jahr läufig und verändert sich dann auch im Verhalten; unbeaufsichtigt kann sie auch schwanger werden. Während der Läufigkeit kann sie ein paar Tropfen Blut verlieren. Ein Rüde dagegen wird auf läufige Hündinnen reagieren, manchmal so stark, dass er tagelang jaulend an der Tür kratzt. Mein Tipp: Schauen Sie sich schon vor dem Hundekauf an, ob in Ihrer Nachbarschaft mehr Hündinnen oder Rüden sind - wenn Sie sich der Mehrheit anschließen, wird das Zusammenleben entspannter. Wenn Sie schon einen Hund haben und sich einen weiteren dazuholen wollen, passen Sie auf, dass Sie nicht zwei Rüden zusammenhalten - das kann oft zu ordentlich Zoff führen. Aber auch unter Hündinnen kann es Streit geben, am geringsten ist das Risiko, wenn Sie einen Rüden und eine Hündin haben. Aber passen Sie auf, dass Ihr Mädel nicht ungewollt schwanger wird.

Wie alt sollte der Welpe sein?

So verlockend es auch sein mag - Sie sollten Ihren Welpen nicht vor der 9. oder 10. Lebenswoche abholen. Ein verantwortungsbewusster Züchter wird Ihnen den Hund auch nicht früher geben, und er kann es auch gar nicht, weil der kleine Hund frühestens in der 8. Woche geimpft und gechipt wird.

Kosten für den Hund

Bevor Sie sich einen Hund zulegen, sollten Sie zumindest grob die Kosten für ein solches Tier überschlagen. Es muss sichergestellt sein, dass Sie diese nicht nur jetzt, sondern über die gesamte Lebensdauer des Hundes tragen können - immerhin kann Ihr Hund Sie gut und gerne 10 oder mehr Jahre begleiten, und eine Trennung aus finanziellen Gründen sollte unbedingt vermieden werden.

Die folgenden Punkte zeigen auf, was auf jeden Fall auf Sie zukommt. Mehrkosten für zusätzliches Spielzeug, Leckereien, Hundehütte, Autoausstattung usw. hängen davon ab, was Sie alles für Ihr Tier anschaffen wollen.

Anschaffung
Im Vergleich zum gesamten Hundeleben sind die Kosten für die Anschaffung Ihres Vierbeiners die geringsten, also versuchen Sie nicht hier zu sparen. Der vermeintlich günstige Welpe vom Hundevermehrer verursacht oft später hohe Tierarztkosten.
Bei einem Züchter zahlen Sie für Ihren reinrassigen Welpen rund 1.000,- bis 2.000,- €, holen Sie einen Hund aus dem Tierheim, können Sie mit 100,- bis 400,- € rechnen.

Grundausstattung
Für Körbchen, Decke, Leine und Co. sollten Sie zu Beginn etwa 150,- € einplanen, für Ersatz und Neuanschaffungen dürften etwa 100,- € pro Jahr ausreichen.

Ernährung
Die Kosten hierfür richten sich natürlich nach der Qualität des Futters, das Sie Ihrem Vierbeiner anbieten möchten. Sie sollten hier täglich rund 2,- bis 4,- € einplanen, also im Jahr etwa 1.000,- €.

Hundesteuer
Je nach Wohnort liegt die Steuer für Ihren Hund zwischen 20,- und 250,- € pro Jahr.

Versicherung
Für eine solide Haftpflichtversicherung können Sie rund 40,- € pro Jahr rechnen.
Ob Sie eine Krankenversicherung abschließen, sollten Sie sorgfältig überlegen - die Kosten sind mit etwa 60,- € pro Monat ziemlich hoch und der Nutzen lässt sich kaum vorhersagen.

Tierarzt
Mindestens einmal im Jahr sollten Sie einen allgemeinen Check Ihres Hundes vornehmen lassen, hinzu kommen die regelmäßigen Impfungen und Entwurmungen. Natürlich kann Ihr Hund auch mal krank werden, was zu sehr unterschiedlichen Kosten führen kann. Ich denke, mit rund 300,- € pro Jahr haben Sie eine gute Kalkulationsgrundlage.

Hundesteuer
Die Hundesteuer ist quasi die Miete, die Sie für Ihren pelzigen Mitbewohner

an Ihre Stadt oder Gemeinde zahlen. Sie hilft, die ganzen Sachen zu bezahlen, die mit Hunden zu tun haben, wie z.B. die Beseitigung von Hinterlassenschaften oder die Einrichtung von Hundespielplätzen. Auch soll sie dazu beitragen, dass wir nicht von Hunden überrannt werden und nur diejenigen sich einen Hund anschaffen, die sich wirklich darum kümmern können.

Wer bestimmt, wie viel Sie zahlen müssen? Das sind die örtlichen Behörden, meist die Gemeinden oder Städte. Deswegen kann es sein, dass Sie in der einen Stadt weniger zahlen als in der anderen. Also, immer Augen auf bei der Wahl des Wohnortes!
Wenn Sie sich einen Hund zulegen oder mit Ihrem Hund umziehen, müssen Sie das bei der örtlichen Behörde anmelden. Dafür gibt es ein Formular, das Sie ausfüllen und abgeben müssen - meist geht das online oder im Rathaus.

Wie viel Sie genau zahlen, hängt von Ihrer Gemeinde ab. Meistens liegt die jährliche Steuer für den ersten Hund zwischen 50 und 200 Euro. Haben Sie mehr als einen Hund, wird es mitunter teurer.

Aber es gibt auch Ausnahmen: Manche Hunde, wie Blindenführhunde oder Hunde von Behörden, können eine Ermäßigung oder sogar Befreiung von der Hundesteuer bekommen. Auch Hunde aus dem Tierheim können manchmal günstiger sein. Aber auch das ist von Ort zu Ort unterschiedlich.

Manche Gemeinden haben auch spezielle Regeln für bestimmte Hunderassen, die als „Kampfhunde" oder „Listenhunde" gelten. Für diese Hunde kann die Steuer höher sein, um sicherzustellen, dass nur verantwortungsbewusste Halter sich solche Hunde anschaffen.

Nach der Anmeldung und Zahlung der Hundesteuer erhalten Sie oft eine Steuermarke, die Sie an das Halsband Ihres Hundes hängen müssen. So kann jeder sehen, dass Sie Ihre Steuern bezahlt haben.

Wenn Sie umziehen oder Ihr Hund stirbt oder verkauft wird, müssen Sie Ihren Hund abmelden. Dann ist die Steuerpflicht vorbei.

Die Hundesteuer in Deutschland ist also eine ziemlich komplexe Sache, die von Ort zu Ort unterschiedlich ist. Deshalb sollten Sie sich immer gut informieren, um keine bösen Überraschungen zu erleben. Bei Fragen können Sie sich immer an Ihre Gemeinde- oder Stadtverwaltung wenden.
Wichtig ist, dass Sie die Hundesteuer immer pünktlich zahlen und alle notwendigen An- und Abmeldungen vornehmen. So vermeiden Sie Ärger und Strafen. Die Einnahmen aus der Hundesteuer werden u. a. auch -aber keines-

falls nur- für Dinge verwendet, die mit Hunden zu tun haben, wie zum Beispiel die Bereitstellung von Hundetoiletten oder Hundespielplätzen.

Haftpflichtversicherung für den Hund:

Jetzt, wo Sie alles über die Hundesteuer wissen, lassen Sie uns zur Hundehaftpflichtversicherung übergehen. Denn wer will schon auf den Kosten sitzen bleiben, wenn Bello mal die teure Vase der Nachbarin zerlegt, oder?

Die Hundehaftpflichtversicherung ist in manchen Bundesländern sogar Pflicht. Es ist also gut, sich darüber zu informieren, bevor Sie Ihren Hund bei sich aufnehmen. Sie deckt die Kosten, falls Ihr Hund mal etwas kaputt macht oder jemanden verletzt. Und glauben Sie mir, das kann schneller passieren, als Sie denken. Ein kleiner Ausflug in den Park kann schon mal teuer werden, wenn Ihr Hund plötzlich auf die Idee kommt, einem Radfahrer hinterherzujagen.

Die Versicherungssumme ist quasi der maximale Betrag, den die Versicherung im Schadensfall zahlt. Hier gilt: Je höher, desto besser. Denn Sie wissen nie, was passieren kann. Es ist immer besser, auf Nummer sicher zu gehen.

Die Kosten für die Haftpflichtversicherung variieren je nach Anbieter und Tarif. Aber im Durchschnitt können Sie mit etwa 50 bis 100 Euro im Jahr rechnen. Manchmal gibt es auch Rabatte, wenn Sie mehr als einen Hund haben oder einen bestimmten Beruf ausüben. Es lohnt sich also, sich genau zu informieren und die verschiedenen Angebote zu vergleichen.

Auch hier gilt: Immer schön alles anmelden und auf dem Laufenden halten. Wenn Ihr Hund z.B. einen neuen Besitzer bekommt oder stirbt, müssen Sie das der Versicherung melden. Und natürlich müssen Sie auch Ihre Beiträge pünktlich zahlen, damit der Versicherungsschutz nicht erlischt. Zusammengefasst: Die Hundehaftpflichtversicherung ist ein wichtiger Schutz für Sie und Ihren Hund. Sie hilft, unerwartete Kosten zu decken und sorgt dafür, dass Sie und Ihr Hund sorglos durchs Leben gehen können. Also, checken Sie das mal ab, bevor Sie Ihren neuen besten Freund nach Hause bringen!

Hundekrankenversicherung:

Nachdem wir die Haftpflichtversicherung abgehakt haben, ist es an der Zeit, über die Hundekrankenversicherung zu sprechen. So wie Sie eine Krankenversicherung haben, kann auch Ihr Hund eine haben. Klingt doch gut, oder?

Eine Hundekrankenversicherung deckt die Kosten für tierärztliche Behandlungen ab. Dabei kann es sich um regelmäßige Check-ups, Impfungen, Wurmkuren und Flohbehandlungen handeln. Aber auch die Kosten für größere Eingriffe, wie Operationen, können abgedeckt werden.

Ob Sie eine Krankenversicherung für Ihren Hund abschließen, hängt von verschiedenen Faktoren ab. Zum Beispiel von der Rasse Ihres Hundes, seinem Alter und seiner Gesundheit. Manche Rassen neigen zu bestimmten Gesundheitsproblemen und können daher teurer in der Versicherung sein. Auch ältere Hunde oder Hunde mit Vorerkrankungen können höhere Beiträge haben.

Die Kosten für eine Hundekrankenversicherung variieren stark, aber Sie können mit etwa 20 bis 60 Euro pro Monat rechnen. Wieder gilt: Es lohnt sich, die Angebote zu vergleichen und das Kleingedruckte zu lesen. Manche Versicherungen haben eine Selbstbeteiligung oder decken bestimmte Behandlungen nicht ab.

Auch wenn es eine zusätzliche Ausgabe ist, kann eine Hundekrankenversicherung Ihnen viel Stress und Sorgen ersparen. Stellen Sie sich vor, Ihr Hund muss operiert werden und Sie müssen sich keine Gedanken über die Kosten machen. Das ist doch beruhigend, oder?

Zusammenfassend lässt sich sagen, dass es viele Dinge zu bedenken gibt, wenn Sie einen Hund aufnehmen. Aber mit der richtigen Planung und Vorbereitung können Sie und Ihr neuer vierbeiniger Freund ein sorgloses und glückliches Leben führen. Also, nehmen Sie sich die Zeit und informieren Sie sich gut. Ihr Hund wird es Ihnen danken!

Willkommen im neuen Zuhause, kleiner Welpe

Jetzt wird es spannend! Ihr neuer kleiner Mitbewohner kommt ins Haus und das ist für ihn eine ganz schöne Umstellung. Es ist eine ziemlich verrückte und verwirrende Zeit, daher müssen Sie einfühlsam sein und möglichst viel Zeit mit ihm verbringen. Am besten holen Sie ihn morgens beim Züchter ab, dann hat er den ganzen Tag Zeit, sich zu akklimatisieren, zu futtern, zu spielen und müde zu werden.
Das Zuhause erkunden

Sobald Ihr Welpe zu Hause ankommt, lassen Sie ihn seine neue Umgebung beschnuppern und erkunden. Zeigen Sie ihm dann sein neues Schlafgemach. Ihre Wohnung ist für ihn wie ein riesiger Freizeitpark voller neuer Eindrücke, Geräusche und Gerüche. Total spannend, aber auch ein bisschen beängstigend. Er vermisst seine Mama und seine Geschwister. Von Ihnen erwartet er, dass Sie ihm die Gesellschaft, Nähe und Sicherheit geben, die er zurückgelassen hat.

Vielleicht gibt Ihnen der Züchter eine Decke mit, die nach der Mama und den Geschwistern riecht. Das kann ihm helfen, sein Heimweh zu lindern. Nachdem er ein wenig gespielt hat, wird er sich wahrscheinlich auf seinen Schlafplatz zurückziehen und ein Nickerchen machen. Lassen Sie ihn schlafen, denn Schlaf ist für Welpen genauso wichtig wie für Babys.

Die erste Nacht ohne Mama

In den ersten Nächten könnte Ihr Welpe ein bisschen jammern und unruhig sein, wenn Sie ihn allein lassen. Ein kleiner Trick kann hier helfen: Wickeln Sie eine Wärmflasche und einen tickenden Wecker in eine Decke und legen Sie sie in sein Bett. So fühlt er sich, als wäre ein warmes, lebendiges Wesen bei ihm.
Hat er schon einen Namen?

Geben Sie Ihrem Welpen so schnell wie möglich einen Namen. Züchter geben ihren Hunden oft sehr komplizierte Namen, die eher die Abstammung zeigen und nicht wirklich praktisch sind. Wählen Sie also einen Namen, der Ihnen gefällt, und verwenden Sie ihn immer wieder. Sie werden sehen, er wird schnell darauf reagieren.

Kinder und andere Tiere

Wenn Sie Kinder haben, erklären Sie ihnen, dass Welpen keine Spielzeuge sind. Vernachlässigen Sie auch nicht Ihre anderen Haustiere, sonst könnten sie eifersüchtig auf den neuen Mitbewohner werden. Lassen Sie sie sich langsam und unter Aufsicht kennenlernen. Lassen Sie einen jungen Welpen nie allein mit einer älteren Katze oder einem älteren Hund.

Schlafplatz

Schaffen Sie einen gemütlichen Schlafplatz für Ihren Welpen, vielleicht in der Küche oder im Wohnzimmer, wo er vor Zugluft geschützt ist. Welpen kauen gerne auf allem herum, also stellen Sie sicher, dass Sie nur unbedenkliche Materialien verwenden. Ein offener Karton mit einer waschbaren Decke ist zunächst völlig ausreichend.

Sauberkeit ist das A und O

Achten Sie darauf, dass der Napf Ihres Welpen stabil und standfest ist. Am besten sind Näpfe, die entweder schwer genug sind (wie Keramiknäpfe), oder durch Gummifüße nicht auf dem Boden rutschen können. Für unsere langohrigen Freunde gibt es spezielle Schüsseln mit hohem Rand, damit die Ohren beim Fressen nicht im Napf landen. Wichtig: Reinigen Sie den Napf nach jeder Mahlzeit, denn Sauberkeit ist das A und O.

Die ersten Tage und Wochen mit Ihrem Welpen werden für beide eine Lernzeit sein. Bauen Sie eine feste Routine auf, einschließlich Fütterungszeiten, Toilettenpausen, Spiel- und Schlafenszeiten. Diese Konstanz gibt Ihrem Welpen Sicherheit und hilft ihm, sich schnell an sein neues Zuhause zu gewöhnen.

Vergessen Sie nicht, dass Welpen sehr viel Schlaf benötigen, also lassen Sie ihn viel ruhen und stellen Sie sicher, dass er einen ruhigen, sicheren Ort zum Schlafen hat. Es ist auch eine gute Idee, ihm so schnell wie möglich das Halsband und die Leine vorzustellen. Beginnen Sie langsam und halten Sie die Trainingseinheiten kurz und positiv.

Das Training mit Ihrem Welpen kann viel Geduld erfordern, aber es lohnt sich definitiv. Denken Sie daran, ihn immer zu belohnen, wenn er etwas richtig macht, anstatt ihn zu bestrafen, wenn er einen Fehler macht. Lob und positive Verstärkung sind der Schlüssel zu einem erfolgreichen Training und einer starken Bindung zwischen Ihnen und Ihrem Welpen.

Zusammenfassend lässt sich sagen, dass es viele Dinge zu bedenken gibt, wenn Sie einen Welpen aufnehmen. Aber mit der richtigen Vorbereitung und Planung können Sie und Ihr neuer vierbeiniger Freund ein sorgloses und glückliches Leben führen. Also, nehmen Sie sich die Zeit und informieren Sie sich gut. Ihr Welpe wird es Ihnen danken!

Spielzeugschrank auffüllen

Wenn Sie das erste Mal in einen Tierfachhandel gehen, werden Sie vermutlich erstaunt sein, wie viel Spielzeug es für Vierbeiner gibt. Es ist fast wie bei Kindern! Aber seien Sie vorsichtig: Nicht jedes bunte Quietschteil ist für Ihren Welpen geeignet. Es sollte stabil genug sein, damit er keine Teile davon abbeißen und verschlucken kann. Es sollte auch groß genug sein, damit er es nicht verschlucken kann.
Gedrehte Stoffseile sind eine gute Wahl, da sie für langanhaltenden Spielspaß sorgen und ungefährlich sind, falls doch mal Fasern verschluckt werden. Gro-

ße, stabile Gummibälle, die größer sind als das Maul Ihres Welpen, sind auch eine gute Idee.
Keine Schimpftiraden!

Es ist wichtig, dass Sie immer liebevoll, vorsichtig und geduldig mit Ihrem Welpen umgehen. Sollte er mal etwas kaputt machen oder eine Pfütze auf dem Teppich hinterlassen, schimpfen oder schreien Sie ihn nicht an. Das könnte ihn verängstigen und verwirren.

Versuchen Sie stattdessen, eine fröhliche und entspannte Atmosphäre zu schaffen, in der Sie und Ihr Welpe sich kennenlernen können. So wird er Ihnen schnell sein Vertrauen schenken und Sie legen den Grundstein für ein glückliches Zusammenleben.

Die Starterpackung

Ob Sie auf einem Bauernhof leben oder Ihr Hund in eine Stadtwohnung zieht, es gibt ein paar Basics, die Sie auf jeden Fall brauchen. Organisieren Sie diese Sachen, bevor Ihr Hund eintrifft, und platzieren Sie sie gleich an ihrem zukünftigen Platz.

*   Futter- und Wassernapf: Wählen Sie stabile Modelle, am besten aus Keramik.
*   Schlafplatz: Vermeiden Sie Weidengeflecht, da es beim Knabbern Verletzungen verursachen kann.
*   Hundedecke: Sie sollte weich und waschbar sein.
*   Hundemarke: Mit Ihren Kontaktinformationen und denen des Tierarztes.
*   Halsband und Leine: Ein Halsband mit Sicherheitsverschluss und eine 2-Meter-Leine aus Leder oder Nylon sind ideal.
*   Pflegeprodukte: Bürsten, Kämme und Hundeshampoo.
*   Transportbox: Wählen Sie eine, die auch für Flugreisen zugelassen ist, falls Sie mit Ihrem Hund reisen möchten.
*   Futter: Sorgen Sie für eine vollwertige, ausgewogene Ernährung.
*   Leckereien: Ideal für Trainingseinheiten.
*   Hundespielzeug: Denn Spielen ist wichtig!

Mit diesen Dingen sind Sie gut ausgerüstet und können entspannt in Ihr neues Leben mit Hund starten. Alles Weitere wird sich mit der Zeit ergeben und abhängig vom Temperament Ihres neuen vierbeinigen Freundes sein.

Auswahl ohne Ende

Die erste Spritztour

Ihr Welpe wird beim Autofahren seekrank? Keine Sorge, das wird sich im 9. oder 10. Lebensmonat deutlich bessern. Theoretisch liegt das daran, dass das rasante Wachstum eines Welpen in seinen ersten Lebensmonaten auch sein Innenohr betrifft und ihn somit anfälliger für Bewegungs- und Reisekrankheit macht.

Mit dem Ende des Welpenwachstums nimmt also auch die Reisekrankheit ab. Wenn also Autofahrten momentan einfach zu traumatisch für den kleinen Vierbeiner sind, können Sie ihn in naher Zukunft langsam wieder daran ge-wöhnen.

Beginnen Sie mit kurzen Strecken. Aber bevor Sie die Fahrt starten, beachten Sie bitte folgende Tipps, um sicherzustellen, dass es für Sie und Ihren jungen Vierbeiner eine sichere und angenehme Autofahrt wird.

Sicherheit geht vor

Für Reisen im Auto sind Welpen oder ausgewachsene Hunde am sichersten in einer zugelassenen Transportbox oder Sicherheitsdecke untergebracht, die quer zur Fahrtrichtung im Auto befestigt wird. Ein Vorteil von Transportboxen ist, dass Ihr Welpe auch bei einem Unfall noch gesichert ist. Falls Sie verletzt sind oder das Auto schwer beschädigt ist, kann das Rettungsteam immer noch leicht zu Ihrem Welpen gelangen.

Revierverteidigung

Im jugendlichen Alter neigen Hunde oft dazu, Passanten oder andere Hunde aus dem Auto heraus anzubellen. Wenn Ihr Welpe in einer Transportbox untergebracht ist, kann es helfen, diese mit einem Handtuch abzudecken. So bekommt Ihr kleiner Racker den vermeintlichen Störenfried gar nicht erst zu sehen.

Auf's Kommando warten

Ganz wichtig: Der Welpe muss warten, bis Sie das Kommando zum Aussteigen geben. So wird verhindert, dass er unbeaufsichtigt auf die Straße läuft. Wie bei jedem Welpentraining ist es auch hier wichtig, Ihren Kleinen zu belohnen, wenn er etwas gut gemacht hat.

Wenn Sie Ihrem Welpen beigebracht haben, dass Autofahren eine tolle Sache ist und meistens positiv endet, dann sollte eine solche Fahrt für Sie beide zu einem sicheren und freudigen Erlebnis werden.

Welpenspieltage

Frühkindliche Erziehung

Für Menschen heißt es „Was der Bauer nicht kennt, frisst er nicht" und das gilt auch für Hunde. Bereits der Welpe sollte mit seiner Umgebung vertraut gemacht und erzogen werden, um als ausgewachsener Hund keine Probleme zu bereiten. Die Zeit zwischen der 3. und der 16. Lebenswoche ist besonders wichtig, denn während dieser Phase ist Ihr Welpe in seiner Prägephase. Er ist jetzt besonders empfänglich; was er in dieser Zeit lernt, prägt sein zukünftiges Verhalten maßgeblich.

Was wird in der Welpenschule gelehrt?

Während des Spiels mit gleichaltrigen Hunden trainieren die Welpen ihr Sozialverhalten und die Kommunikation untereinander. Gleichzeitig lernen sie verschiedene Menschen, wie den Trainer und andere Welpenbesitzer, kennen. In den meisten Welpenschulen stehen zudem die angstfreie Annäherung an andere Menschen, das Nicht-Anspringen und das Nicht-Jagen anderer Tiere auf dem Programm. Da sie viele Umwelteindrücke sammeln, sind sie als ausgewachsene Hunde in unbekannten Situationen gelassener.
Da der Trainer dieses Spielen erklärt, erhält auch der Besitzer wichtige Informationen, z.B. über das Sozialverhalten und die Kommunikation von Hunden. Sollte ein Gerangel einmal zu weit gehen, kann der erfahrene Trainer die Situation richtig einschätzen und gegebenenfalls eingreifen. Darüber hinaus haben die meisten Welpenbesitzer zahlreiche Fragen an den Trainer und sind dankbar für Tipps zu alltäglichen Problemen, wie z. B. der Sauberkeitserziehung.
In kurzen Einheiten werden die Welpen spielerisch mit Kommandos vertraut gemacht. Das realistische Ziel ist, dass die Welpen am Ende der Welpenschule folgende Kommandos kennen: Sitz, Platz, Hier/Komm, Aus/Nein.

Wann beginnt die Schule?

Nachdem der Welpe vom Züchter abgeholt wurde, sollte er zunächst etwa eine Woche Zeit haben, um sich an sein neues Zuhause und seine neue Familie zu gewöhnen. Der Welpe muss die für sein Alter notwendigen Impfungen erhalten haben und es ist ratsam, bereits eine Haftpflichtversicherung für Tierhalter abgeschlossen zu haben.

Woran erkennt man eine gute Welpenschule?

Idealerweise betreut ein Trainer nicht mehr als fünf bis sechs Welpen. Die jungen Hunde sollten alle etwa gleich alt bzw. gleich stark sein. Der Trainer muss die Fähigkeiten des einzelnen Welpen berücksichtigen und die Interaktionen in der Gruppe steuern. Es gibt Hundeschulen, die ihre Welpenstunden in einem eingezäunten Bereich oder sogar einer Halle abhalten. Alternativ gibt es mobile Hundeschulen, die ihre Kurse im Freien durchführen.
Unabhängig davon sollte die Ausstattung jede Menge bewegliche oder geräuschvolle Objekte umfassen, wie z.B. Tunnel, Wippen, Flatterbänder, Planen usw. Zum Programm einer Welpenschule gehört in der Regel ein Ausflug in die Stadt, wo der junge Hund mit Fahrrädern, Skateboards und ähnlichem

vertraut gemacht wird.

Der Besuch einer Welpenschule mit Ihrem Welpen ist eine lohnenswerte Erfahrung! Es ist eine erstklassige Gelegenheit, Ihrem jungen Hund wichtige Fertigkeiten beizubringen und ihn auf das Leben in der „großen weiten Welt" vorzubereiten. Es bietet ihm auch die Möglichkeit, mit anderen Hunden zu interagieren und soziale Fähigkeiten zu entwickeln, die ihm im weiteren Leben zugutekommen werden. Daher ist es eine wertvolle Investition in die Zukunft Ihres Hundes und Ihre zukünftige Beziehung zu ihm.

Formen Sie Ihr Hündchen fürs Leben

Haben Sie gewusst, dass Hunde ab einem Alter von drei Wochen in eine Phase eintreten, die wir „Prägungsphase" nennen? In dieser spannenden Zeit verlassen die kleinen Fellknäuel ihr Nest und entdecken voller Neugier ihre Umwelt. Die Erfahrungen, die sie in dieser Phase mit ihrer Mama und ihren Geschwisterchen machen, prägen ihr zukünftiges Verhalten gegenüber anderen Hunden enorm. Und nicht nur das - je häufiger sie in dieser Zeit auf Menschen treffen, desto besser werden sie später mit uns Zweibeinern zurechtkommen.

Alles, was Ihrem Vierbeiner aus dieser frühen Phase seines Lebens bekannt ist, wird ihm später kaum Probleme bereiten. Das betrifft nicht nur den sozialen Umgang, sondern auch alltägliche Geräusche, wie das Brummen eines Autos, das Surren eines Rasenmähers oder das Summen eines Föhns. Wenn ein Hund in dieser Phase nur wenig Reizen ausgesetzt war, kann er später oft nervös oder sogar aggressiv auf seine Umwelt reagieren.

Etwas, was Ihr Hund in der Prägungsphase an sozialem Lernen verpasst hat, lässt sich später kaum aufholen. Das sollten Sie unbedingt im Hinterkopf behalten, wenn Sie sich auf die Suche nach Ihrem zukünftigen vierbeinigen Begleiter machen - oder genauer gesagt, wenn Sie den Züchter auswählen. Denn in der Regel zieht Ihr Welpe erst mit acht Wochen oder später bei Ihnen ein.

Achten Sie also darauf, dass Ihr zukünftiger Fellfreund einen guten Start ins Leben hatte. Er sollte auf keinen Fall alleine in einem Zwinger aufgewachsen sein, sondern am besten in einem Haus mit Garten. Und er sollte schon beim Züchter viele Kontakte gehabt haben - sowohl zu anderen Hunden als auch zu Menschen. Nur so kann er sich zu einem gut sozialisierten und selbstbewussten Hund entwickeln.

Wir sind in der „Prägephase".

„Je mehr ich von Menschen sehe, desto mehr liebe ich meinen Hund." - Diogenes

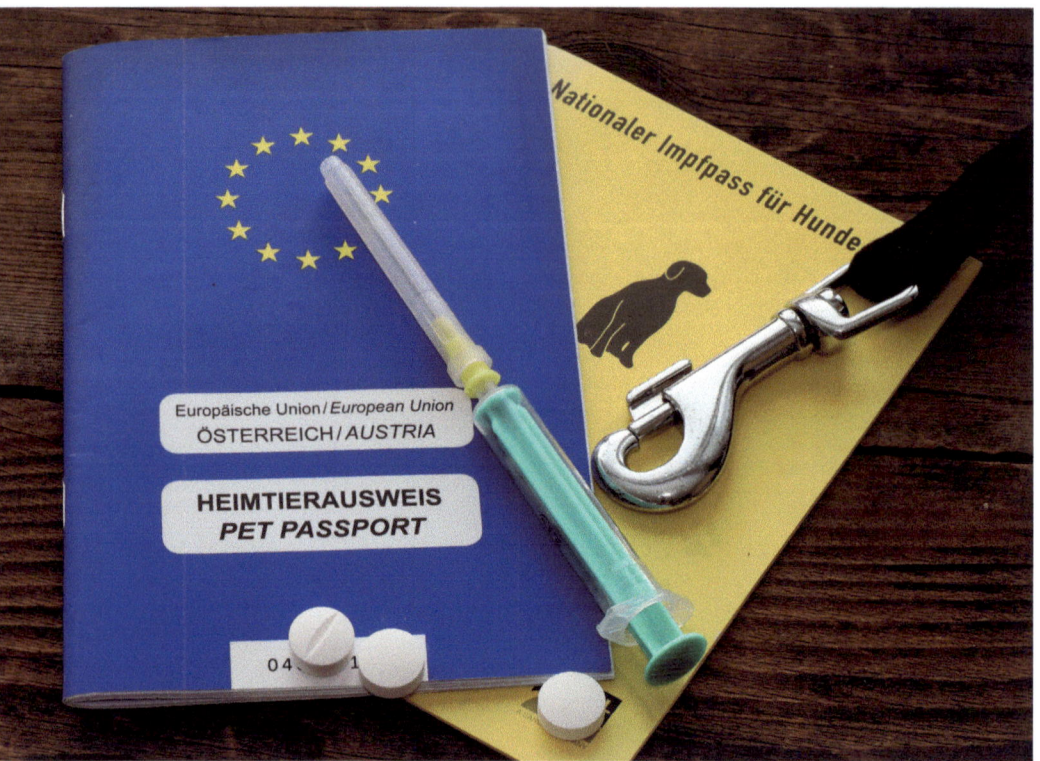

Blau oder gelb – welcher ist sinnvoll?

Haben Sie sich auch schon einmal gefragt, was es mit dem blauen und gelben Ausweis für Haustiere auf sich hat? Der Unterschied zwischen beiden Ausweisen ist recht einfach zu erklären. Der gelbe Impfausweis fungiert als nationaler Standard und dokumentiert die Impfungen Ihres Haustieres. Dieser Ausweis wird üblicherweise vom Tierarzt oder gelegentlich auch vom Züchter ausgestellt. Er ist ausreichend, wenn Sie sich nur innerhalb Deutschlands bewegen und keine Reisen ins Ausland planen.

Sobald Sie jedoch mit Ihrem tierischen Begleiter die Landesgrenzen innerhalb der Europäischen Union überschreiten möchten, wird es Zeit für den blauen Heimtierausweis. Dieser Ausweis wurde durch eine EU-Verordnung eingeführt, um eine gewisse Ordnung in die verschiedenen Bestimmungen der EU-Länder zu bringen.

Der blaue Heimtierausweis ist für Hunde, Katzen und Frettchen verpflichtend und dient dazu, die Verbreitung von Tierseuchen wie beispielsweise Tollwut einzudämmen. Reptilien, Nager und Kaninchen sind glücklicherweise von dieser Pflicht ausgenommen, da sie keine Tollwutgefahr darstellen.

Wenn Sie also mit Ihrem Vierbeiner ins Ausland reisen möchten, sei es innerhalb der EU oder sogar weltweit, benötigen Sie den blauen Heimtierausweis. Das Besondere daran ist, dass er ein einheitliches Muster aufweist und jedem Tier eine eindeutige Nummer zugewiesen wird, ähnlich wie bei einer Personalausweisnummer. Dies erleichtert die Identifizierung Ihres Haustieres und ermöglicht es im Notfall, schnell den Besitzer festzustellen.

Es ist jedoch wichtig zu beachten, dass nicht jeder den Heimtierausweis ausstellen darf. Dies ist ausschließlich dem Tierarzt oder einer anderen autorisierten Stelle gestattet. Damit Ihr Tier den Ausweis erhält, muss es mit einem Mikrochip gekennzeichnet sein. Dadurch ist sichergestellt, dass es eindeutig identifiziert werden kann. Es gibt standardisierte Mikrochips, die von den gängigen Lesegeräten gelesen werden können. Sollte der Chip nicht den erforderlichen Standards entsprechen, müssen Sie als Tierhalter ein geeignetes Lesegerät bereitstellen.

Ein kleiner Haken besteht allerdings: Die Ausstellung des Heimtierausweises ist mit Kosten verbunden, die Sie als Tierhalter tragen müssen. Dies liegt daran, dass der Ausweis bestimmten Standards entsprechen muss und nur von qualifizierten Stellen ausgestellt werden darf. Seien Sie also darauf vorbereitet, dass bei der Beantragung des Ausweises Gebühren anfallen.

Es ist völlig klar, dass der Heimtierausweis nicht nur eine lästige Formalität ist. Er ist von großer Bedeutung, um sicherzustellen, dass Ihr tierischer Begleiter reibungslos in andere Länder reisen kann. Seien Sie also gut vorbereitet, besorgen Sie sich den blauen Heimtierausweis und starten Sie gemeinsam mit Ihrem tierischen Freund in neue Abenteuer!

Erziehung und Ausbildung Ihres Hundes

Hundeerziehung: Ein erster Leitfaden

Einen Hund zu erziehen ist eine herausfordernde, aber lohnende Aufgabe. Ob Sie einen Welpen oder einen erwachsenen Hund haben, die Erziehung spielt eine entscheidende Rolle für das Wohlbefinden des Hundes und die Qualität Ihrer Beziehung zu ihm. Im Folgenden finden Sie einen ausführlichen Leitfaden zur Hundeerziehung.

1. Verständnis der Hundeerziehung

Hundeerziehung ist ein Prozess, bei dem ein Hund lernt, bestimmte Verhaltensweisen auszuführen oder zu vermeiden, in der Regel durch den Einsatz von Befehlen, Belohnungen und Korrekturen. Die Erziehung kann auf verschiedene Aspekte des Verhaltens eines Hundes abzielen, einschließlich Gehorsam, Sozialverhalten und spezielle Fähigkeiten.

2. Frühe Sozialisierung

Die Sozialisierung eines Hundes in jungen Jahren ist ein entscheidender Teil seiner Erziehung. Sozialisierung bedeutet, den Hund in verschiedenen Situationen und Umgebungen mit unterschiedlichen Menschen, Tieren und Geräuschen zu konfrontieren, um ihn an diese zu gewöhnen und sicherzustellen, dass er in der Zukunft nicht ängstlich oder aggressiv reagiert.

3. Grundlegendes Gehorsamstraining

Das Gehorsamstraining lehrt einen Hund, auf bestimmte Befehle zu reagieren, wie „Sitz", „Platz", „Hier" oder „Aus". Dies kann durch positive Verstärkung erreicht werden, bei der der Hund sofort nach dem Ausführen des gewünschten Verhaltens belohnt wird.

4. Erweitertes Training

Für Hunde, die bereits die Grundlagen des Gehorsams beherrschen, kann ein erweitertes Training sinnvoll sein. Dies kann spezialisierte Fähigkeiten umfassen, wie Apportieren, Spurensuche, Agilität oder spezifische Aufgaben für Arbeitshunde.

5. Problemverhalten

Einige Hunde können problematische Verhaltensweisen entwickeln, wie Aggression, Ängstlichkeit oder Zerstörungswut. In solchen Fällen kann eine spezielle Verhaltenstherapie notwendig sein. Es ist wichtig, professionelle Hilfe in Anspruch zu nehmen, wenn das Problemverhalten des Hundes die Lebensqualität des Hundes oder seine Sicherheit beeinträchtigt.

6. Kontinuierliches Lernen

Hundeerziehung ist kein einmaliger Prozess, sondern erfordert kontinuierliche Anstrengungen. Auch nachdem ein Hund die Grundlagen gelernt hat, ist es wichtig, das Training fortzusetzen, um seine Fähigkeiten zu festigen und zu erweitern.

7. Positive Verstärkung

Positive Verstärkung ist eine der effektivsten Methoden in der Hundeerziehung. Sie fördert das gewünschte Verhalten, indem sie es belohnt, anstatt unerwünschtes Verhalten zu bestrafen. Belohnungen können Leckerlis, Spielzeug, Lob oder körperlicher Kontakt sein.

8. Geduld und Konsequenz

Geduld und Konsequenz sind Schlüsselaspekte der Hundeerziehung. Es ist wichtig zu verstehen, dass das Erlernen neuer Verhaltensweisen Zeit braucht und dass Hunde Fehler machen können. Bleiben Sie geduldig und geben Sie klare, konsistente Anweisungen, um Ihren Hund zu leiten.

9. Die Rolle der Bindung

Die Beziehung, die Sie mit Ihrem Hund haben, spielt eine entscheidende Rolle bei seiner Erziehung. Ein Hund, der eine starke, positive Beziehung zu seinem Besitzer hat, wird wahrscheinlich eher bereit sein, zu lernen und zu gehorchen. Verbringen Sie viel Zeit mit Ihrem Hund, spielen Sie mit ihm und stellen Sie sicher, dass er seine Grundbedürfnisse erfüllt bekommt, einschließlich Futter, Wasser, Bewegung und soziale Interaktion.

10. Umgang mit Fehlverhalten

Wenn Ihr Hund ein unerwünschtes Verhalten zeigt, ist es wichtig zu wissen, wie man darauf reagiert. Negative Verstärkung oder Bestrafung kann oft kontraproduktiv sein und Angst oder Aggression beim Hund hervorrufen. Stattdessen sollten Sie unerwünschtes Verhalten ignorieren oder umleiten und gewünschtes Verhalten belohnen.

11. Professionelle Hilfe

Manchmal können Hundeerziehungsprobleme überwältigend sein und professionelle Hilfe kann erforderlich sein. Hundetrainer und Tierverhaltensberater können wertvolle Unterstützung und Anleitung bieten.

12. Fortlaufendes Training

Hundeerziehung sollte nicht aufhören, sobald Ihr Hund die Grundbefehle gelernt hat. Fortlaufendes Training hilft, die geistige Stimulation Ihres Hundes zu fördern und kann dazu beitragen, problematische Verhaltensweisen zu verhindern. Sie können weiterhin neue Befehle und Tricks einführen, je nach den Fähigkeiten und dem Interesse Ihres Hundes.

Grundtraining für Welpen: Früh übt sich!

Welpentraining ist ein entscheidender Schritt in der Entwicklung eines Hundes. Es legt das Fundament für zukünftige Verhaltensmuster, fördert die Bindung zwischen Hund und Halter und hilft dem Welpen, sich in seiner neuen Umgebung sicher und wohl zu fühlen. Hier sind einige wichtige Aspekte, auf die man sich bei einem Grundtraining für Welpen konzentrieren sollte.

1. Frühzeitige Sozialisierung

Die Sozialisierung ist einer der wichtigsten Aspekte des Welpentrainings. Junge Welpen sind sehr empfänglich für neue Erfahrungen, was diese Phase ideal für die Sozialisierung macht. Lassen Sie Ihren Welpen verschiedene Menschen, Umgebungen, Geräusche und andere Tiere kennenlernen. Dies kann dazu beitragen, dass Ihr Welpe zu einem selbstbewussten und gut angepassten erwachsenen Hund heranwächst.

2. Stubenreinheit

Eines der ersten Dinge, die ein Welpe lernen sollte, ist, seine Geschäfte draußen zu erledigen. Dies kann Geduld erfordern, da Welpen noch nicht die volle Kontrolle über ihre Blase und ihren Darm haben. Führen Sie den Welpen regelmäßig nach draußen, besonders nach dem Essen, Trinken, Spielen oder Schlafen, und loben Sie ihn, wenn er seine Geschäfte draußen erledigt.

3. Beißen hemmen

Welpen neigen dazu, beim Spielen zu beißen, da sie ihre Umgebung mit dem Maul erkunden. Es ist wichtig, dem Welpen beizubringen, dass es nicht akzeptabel ist, Menschen zu beißen. Wenn der Welpe beißt, sollten Sie das Spiel unterbrechen und ihm ein Spielzeug oder einen Kausnack anbieten, um seine Aufmerksamkeit umzulenken.

4. Grundbefehle

Welpen können schon in jungen Jahren einfache Befehle lernen, wie „Sitz", „Platz", „Hier" und „Aus". Beginnen Sie mit kurzen Trainingseinheiten und verwenden Sie positive Verstärkung, wie Leckerlis oder Lob, um den Welpen zu belohnen, wenn er den Befehl richtig ausführt.

5. Leinenführigkeit

Das Training an der Leine ist ein weiterer wichtiger Aspekt des Welpentrainings. Welpen sollten lernen, an einer lockeren Leine neben dem Halter zu gehen, ohne zu ziehen oder zu springen. Beginnen Sie mit kurzen Spaziergängen und üben Sie in einer ruhigen Umgebung, bevor Sie den Welpen in belebtere Gebiete führen.

6. Alleinsein

Es ist wichtig, dass Welpen lernen, alleine zu sein, um Trennungsangst zu vermeiden. Beginnen Sie mit kurzen Zeiträumen und erhöhen Sie diese allmählich, während der Welpe älter wird. Stellen Sie sicher, dass der Welpe sich in seinem Ruhebereich wohl fühlt und dass er genügend Spielzeug zur Beschäftigung hat, wenn er alleine ist.

7. Ruhe und Entspannung

Es ist genauso wichtig, Ihrem Welpen beizubringen, sich zu entspannen und zu ruhen, wie es ist, ihm Befehle beizubringen. Junge Hunde haben eine Menge Energie, aber sie brauchen auch viel Schlaf, um sich gesund zu entwickeln. Ein gutes Training sollte immer auch Pausen und Ruhezeiten beinhalten. Fördern Sie ruhiges Verhalten, indem Sie einen sicheren und komfortablen Schlafplatz für Ihren Welpen bereitstellen und diese ruhigen Zeiten nicht stören.

8. Positive Verstärkung

Positive Verstärkung ist eine Schlüsselstrategie im Welpentraining. Jedes Mal, wenn Ihr Welpe ein gewünschtes Verhalten zeigt, sollten Sie ihn sofort belohnen. Das kann durch freundliche Worte, Streicheleinheiten, Spiel oder Leckerlis geschehen. Dies verstärkt das Verhalten und motiviert den Welpen, es in Zukunft zu wiederholen.

9. Konsequenz

Welpen lernen am besten durch Konsequenz und Wiederholung. Wenn Sie ein Kommando oder eine Regel einführen, sollten Sie dabei bleiben und es regelmäßig üben. Stellen Sie sicher, dass alle Familienmitglieder die gleichen Befehle und Regeln befolgen, um Verwirrung zu vermeiden.

10. Geduld

Erinnern Sie sich daran, dass Welpen noch lernen und Fehler machen werden. Es ist wichtig, geduldig zu sein und realistische Erwartungen zu haben. Wut oder Frustration wird dem Training nicht helfen und kann den Welpen ängstigen.

11. Soziale Interaktion

Welpen sollten die Möglichkeit haben, regelmäßig mit anderen Hunden zu interagieren. Dies hilft ihnen, soziale Fähigkeiten zu entwickeln und die Körpersprache anderer Hunde zu verstehen. Überlegen Sie sich, Ihren Welpen in eine Welpenspielgruppe zu bringen oder organisierte „Spiel-Dates" mit anderen Hunden zu arrangieren.

Fazit

Die Erziehung eines Welpen ist eine verantwortungsvolle und manchmal herausfordernde Aufgabe, die Geduld, Engagement und Liebe erfordert. Mit den richtigen Techniken und einem positiven Ansatz kann das Training jedoch eine lohnende Erfahrung sein, die den Grundstein für das zukünftige Verhalten Ihres Hundes legt. Vergessen Sie nicht, dass das Ziel eines guten Trainings ist, einen gesunden, glücklichen und gut angepassten Hund großzuziehen, der ein geliebtes Mitglied Ihrer Familie ist.

7 verbreitete Irrtümer in der Welpenerziehung

1. So viele Wiederholungen wie möglich

Es ist ein weit verbreiteter Irrtum, dass unendliche Wiederholungen das Lernen beschleunigen. Während Wiederholungen tatsächlich wichtig sind, um Ihrem Welpen neue Befehle beizubringen, ist Qualität wichtiger als Quantität. Übermäßige Wiederholungen können zu Überlastung und Langeweile führen. Es ist besser, mehrere kurze Trainingseinheiten während des Tages zu verteilen, anstatt eine lange Sitzung durchzuführen.

2. Der Hund ist wie der Mensch

Hunde sind keine Menschen und sie denken auch nicht wie Menschen. Hunde haben ihre eigene Art zu lernen und zu kommunizieren, die stark von der des Menschen abweicht. Hunde leben im Hier und Jetzt und haben kein abstraktes Denken wie Menschen.

3. Hunde haben ein schlechtes Gewissen

Hunde zeigen tatsächlich Verhaltensweisen, die Menschen als „schuldig" interpretieren können, aber dies ist in der Regel eine Reaktion auf den Ton und das Verhalten des Besitzers, nicht auf das Verständnis der Folgen ihres Verhaltens. Sie erkennen, dass Sie wütend sind, aber sie verstehen nicht unbedingt, warum.

4. Der Hund versteht genau, was ich sage

Während Hunde lernen können, auf bestimmte Wörter oder Befehle zu reagieren, verstehen sie die menschliche Sprache nicht auf die gleiche Weise, wie wir es tun. Oft reagieren sie mehr auf unseren Ton, unsere Körpersprache und unsere Stimmung als auf die tatsächlichen Wörter, die wir sagen.

5. Konsequenz ist unwichtig

Das genaue Gegenteil ist der Fall. Konsequenz ist extrem wichtig in der Hundeerziehung. Hunde lernen durch Wiederholung und Verstärkung. Wenn Sie inkonsequent sind, kann Ihr Welpe verwirrt werden und es ist schwieriger für ihn, zu lernen, was Sie von ihm erwarten.

6. Gassi gehen reicht

Gassi gehen ist eine wichtige Aktivität, aber es reicht nicht aus, um alle Bedürfnisse Ihres Welpen zu erfüllen. Welpen brauchen auch geistige Anregung, Training, Sozialisierung und Spielzeit. Es ist wichtig, ein Gleichgewicht zwischen körperlicher Aktivität und geistiger Anregung zu finden.

7. Härte muss sein

Härte oder Strafen sind nicht nur unnötig, sondern können auch kontraproduktiv und schädlich sein. Gewalt oder Bestrafung können zu Angst, Unsicherheit und sogar Aggression führen. Positive Verstärkung ist eine viel effektivere und freundlichere Methode, um Ihrem Welpen beizubringen, was Sie von ihm erwarten.

Erziehung ist wichtig.

Völlig veraltete Erziehungsmethoden, die Sie unbedingt vermeiden müssen:

1. Dem Hund zeigen, wer der Boss ist

Dieser Ansatz basiert auf der Theorie, dass Hunde in einer strengen Hierarchie leben und der Mensch der „Alpha" oder „Rudelführer" sein muss. Diese Theorie wurde jedoch inzwischen stark in Frage gestellt. Hunde sind keine Wölfe und selbst bei Wölfen ist die Hierarchie komplexer und dynamischer, als man früher dachte. Es ist wichtiger, eine positive, respektvolle Beziehung zu Ihrem Hund aufzubauen, basierend auf gegenseitigem Vertrauen und Verständnis, anstatt Dominanz zu zeigen.

2. Stachelhalsbänder sind verboten

Stachelhalsbänder, die dem Hund Schmerzen zufügen, wenn er an der Leine zieht, wurden lange Zeit als wirksame Methode zur Korrektur unerwünschten Verhaltens angesehen. Inzwischen sind sie in vielen Ländern verboten und von Tierärzten und Hundeexperten weltweit abgelehnt. Sie können physischen Schaden und emotionale Traumata verursachen und sind nicht effektiv bei der Behebung der zugrunde liegenden Ursachen für problematisches Verhalten.

3. Den Hund auf den Rücken drehen

Dies wird manchmal als „Alpha-Roll" bezeichnet und wurde als Methode zur Demonstration der Dominanz gegenüber dem Hund propagiert. Diese Praxis ist jedoch gefährlich und kann zu Angst und Aggression bei Hunden führen. Es kann auch die Vertrauensbeziehung zwischen Mensch und Hund zerstören.

4. Hundenase in Kot oder Urin drücken

Früher glaubte man, dass das Drücken der Nase des Hundes in seinen Kot oder Urin eine effektive Methode ist, um ihn stubenrein zu machen. Heute wissen wir, dass dies nicht nur unwirksam, sondern auch grausam und verwirrend für den Hund ist. Stattdessen sollte positive Verstärkung verwendet werden, um dem Hund beizubringen, wo er seine Geschäfte erledigen soll.

5. Den Hund am Nackenfell schütteln

Einige Leute glauben, dass das Schütteln eines Hundes am Nackenfell eine natürliche Korrekturmethode ist, da es Hündinnen mit ihren Welpen tun. Aber es ist nicht nur gefährlich (es kann Verletzungen am Hals und der Wirbelsäule verursachen), es ist auch sehr einschüchternd für den Hund und kann zu Angst und Misstrauen führen.

6. Schnauzengriff beim Hund

Der Schnauzengriff, bei dem die Schnauze des Hundes fest geschlossen wird, ist eine weitere veraltete Methode, die oft als Bestrafung oder zur Korrektur unerwünschten Verhaltens verwendet wurde. Wie andere veraltete Methoden kann auch der Schnauzengriff Angst und Aggression hervorrufen und das Vertrauen zwischen Mensch und Hund schädigen. Es gibt viel effektivere und humanere Methoden zur Korrektur unerwünschten Verhaltens, wie positive Verstärkung und professionelles Verhaltenstraining.

Die schlimmsten Fehler in der Hundeerziehung

Eine solide Erziehung Ihres Hundes ist unerlässlich. Es ist jedoch wichtig zu verstehen, dass wenn Ihr Vierbeiner nicht immer gehorcht, dies nicht zwangsläufig auf schlechtes Benehmen hindeutet. Oftmals versteht der Hund schlichtweg nicht, was Sie von ihm verlangen. Deshalb sollten Hundebesitzer die folgenden häufigen Fehler in der Hundeerziehung unbedingt vermeiden:

1. Ein Befehl sollte genügen

Ihr Hund leidet nicht unter Gehörproblemen. Wenn er das Kommando versteht, reicht ein einziger Aufruf aus. Jeder zusätzliche Aufruf ist überflüssig und schwächt Ihre Glaubwürdigkeit. Wenn Sie ständig „Hier!" rufen, ist es unwahrscheinlich, dass er kommen wird. Durch ständiges Rufen zeigen Sie ihm nur, wo Sie sind und dass Sie auf ihn warten (oder ihm sogar folgen?). Bleiben Sie konsequent und vor allem bestimmt. Ihr Hund wird das bemerken.

2. Körpersprache ist der Schlüssel

Die Körpersprache des Menschen spielt eine zentrale Rolle bei der Erziehung eines Hundes. Ihr Hund interpretiert Ihre Mimik sowie die Betonung Ihrer Worte. Wenn Ihre Haltung und Gestik nicht stimmig sind, haben Sie schon verloren. Ein Hundehalter, der vor Wut zittert und „Komm her" befiehlt, wird wahrscheinlich eine Weile auf seinen Hund warten müssen.

3. Schlamperei in der Hundeerziehung ist ein No-Go

Konsequenz ist das oberste Gebot in der Hundeerziehung. Einmal aufgestellte Regeln müssen eingehalten werden. Sobald Sie nachlässig werden, geben Sie Ihrem Hund freie Hand. Was er einmal gelernt hat, kann er genauso schnell wieder vergessen.

4. Lob erfordert gutes Timing

Die Hundeerziehung basiert vor allem auf Belohnungen. Ein Hund möchte Anerkennung für das, was er getan hat. Diese sollte aber unmittelbar auf das richtige Verhalten des Hundes folgen. Wenn Sie zu lange brauchen, um ein Leckerli aus Ihrer Tasche zu holen, kann die Belohnung negative Auswirkungen haben.

Wenn Sie Ihrem Hund in der Hektik ein Leckerli geben, während er winselt, verknüpft er negatives Verhalten mit einer Belohnung und wird es wahrscheinlich immer wieder versuchen. Übermäßiges Belohnen kann dazu führen, dass der Hund nur noch auf Kommando reagiert, wenn eine Belohnung in Aussicht steht.

5. Sozialisierung des Hundes

Ein Mangel an Sozialisierung in jungen Jahren kann später zu Konflikten mit anderen Hunden führen. Es ist sehr wichtig für die Entwicklung eines Hundes, dass er bereits als Welpe Kontakt mit anderen Hunden hat, beispielsweise in einer Hundeschule. Dort können sie lernen, sich durchzusetzen oder unterzuordnen, was für die Lernphase extrem wichtig ist. Auch der ausgiebige Kontakt zwischen Hund und Mensch ist sehr wichtig. Wenn Hunde zu viel alleine sind und nicht genügend körperlich und geistig gefordert werden, kann das negative Auswirkungen auf die Gesundheit des Hundes haben.

6. Unzureichende Gewöhnung an das Alleinsein

Es wird unvermeidlich Zeiten geben, in denen Sie Ihren Hund alleine lassen müssen. Wenn er jedoch nicht bereits als Welpe gelernt hat, alleine zu bleiben, wird er als ausgewachsener Hund jammern, sobald er alleine ist. Beginnen Sie frühzeitig damit, Ihren Hund daran zu gewöhnen und starten Sie mit kurzen Intervallen von 10 Minuten, die Sie dann schrittweise verlängern.

Zusammenfassend lässt sich sagen, dass eine effektive Hundeerziehung auf klaren Regeln und konsistentem Handeln basiert. Die meisten Fehler passieren wahrscheinlich ohne Ihr Wissen. Solange Sie jedoch diese Disziplin beibehalten, sollten Sie in der Lage sein, in relativ kurzer Zeit einen gut erzogenen Hund an Ihrer Seite zu haben.

Perfekt sozialisiert!

"Du kannst deinem Hund etwas richtig Dummes sagen, und er wird dir einen Blick zuwerfen, der sagt: „Wow, du hast recht! Darauf wäre ich nie gekommen!"

Dave Barry

Das muss Ihr Hund unbedingt lernen!

Im Umgang mit Hunden wird oft davon gesprochen, wie wichtig es ist, ihnen Grundkommandos beizubringen. Doch warum ist dies eigentlich so essentiell? Dieser Artikel bietet eine Einführung in die Bedeutung und den Nutzen von Grundkommandos für Hunde.

Grundkommandos dienen als elementare Kommunikationsschnittstelle zwischen Mensch und Hund. Durch sie erhält der Hund klare Anweisungen, was von ihm erwartet wird, und der Mensch kann sicherstellen, dass der Hund entsprechend handelt. Das Erlernen dieser Kommandos ist daher von zentraler Bedeutung für eine funktionierende Beziehung zwischen Hund und Halter.

Eines der Hauptargumente für das Erlernen von Grundkommandos ist die Sicherheit. Kommandos wie „Sitz", „Platz" oder „Bleib" können in verschiedenen Situationen äußerst hilfreich sein, um potenzielle Gefahren zu vermeiden.

Sie erlauben es dem Halter, den Hund in sicherer Entfernung zu halten, etwa bei nahendem Straßenverkehr oder in der Nähe von anderen Tieren. Zudem erleichtern sie den Umgang mit dem Hund in öffentlichen Räumen, indem sie das Verhalten des Hundes vorhersehbarer und kontrollierbarer machen.

Ein weiterer wichtiger Aspekt ist die Förderung des sozialen Miteinanders. Grundkommandos können dazu beitragen, dass der Hund besser mit anderen Hunden, Menschen oder Tieren interagiert. Ein Hund, der auf Kommandos hört, wird oft besser akzeptiert und als weniger störend wahrgenommen. Dies kann zu einem harmonischeren Zusammenleben in der Gemeinschaft beitragen.

Auch die geistige Stimulation des Hundes spielt eine wichtige Rolle. Das Erlernen von Kommandos fordert den Hund geistig heraus und trägt zur geistigen Fitness bei. Es gibt dem Hund eine Aufgabe, hält ihn aktiv und kann dazu beitragen, Verhaltensprobleme, die durch Unterforderung entstehen können, zu vermeiden.

Zudem stärkt das Erlernen von Kommandos die Bindung zwischen Mensch und Hund. Durch gemeinsames Training und die dadurch entstehende Kommunikation vertieft sich die Beziehung und das gegenseitige Vertrauen wächst. Dies trägt dazu bei, dass der Hund sich sicherer fühlt und besser auf den Halter reagiert.

Zusammenfassend lässt sich sagen, dass das Erlernen von Grundkommandos für Hunde aus verschiedenen Gründen wichtig ist. Sie tragen zur Sicherheit des Hundes und seiner Umgebung bei, fördern soziale Interaktionen, bieten geistige Stimulation und stärken die Bindung zwischen Hund und Halter. Daher sollte jeder Hundehalter in Erwägung ziehen, seinem vierbeinigen Freund diese grundlegenden Fertigkeiten beizubringen.

Wie das funktionieren kann, erfahren Sie in einem kleinen Crash-Kurs auf den folgenden Seiten.

Sitz!

Sitz: Dies ist oft eines der ersten Kommandos, das Hunde lernen. Es ist relativ einfach zu unterrichten und kann in vielen Situationen nützlich sein.

Das Training des Sitz-Kommandos

Für das Training des Sitz-Kommandos empfiehlt es sich, eine ruhige und ablenkungsfreie Umgebung zu wählen, in der sich Ihr Hund wohl fühlt. Halten Sie ein Leckerli leicht über den Kopf des Hundes und bewegen Sie Ihre Hand langsam nach oben. Ihr Hund wird dem Leckerli mit den Augen folgen und dabei automatisch in eine sitzende Position gehen.

Eine alternative Methode ist die Verwendung eines Klickers. Wenn der Hund das Kommando ausführt, geben Sie einen kurzen Klick ab und belohnen Sie ihn anschließend mit einem Leckerli. Vergessen Sie dabei nicht, ihn auch verbal zu loben. Mit der Zeit können Sie das Leckerli weglassen und der Klicker wird als positive Verstärkung ausreichen.

Während sich der Hund setzt, sagen Sie das Wort „Sitz" deutlich. Sobald er das gewünschte Verhalten zeigt, belohnen und loben Sie ihn. Schrittweise können Sie die Entfernung zwischen Ihnen und Ihrem Hund vergrößern. Wenn er auf Sie zukommt anstatt sich hinzusetzen, beginnen Sie erneut und belohnen Sie ihn erst, wenn er die Übung richtig ausführt. Sie können auch die Dauer erhöhen, in der Ihr Hund sitzen bleiben soll. Beenden Sie das „Sitz" immer mit einem Auflösesignal wie „O.k." und einer entsprechenden Handbewegung. Sobald Ihr Hund das Verhalten verinnerlicht hat, können Sie das Sitz-Kommando auch in Umgebungen mit mehr Ablenkung trainieren, beispielsweise während eines Spaziergangs.

```
Platz für eigene Notizen dar-
über, wie es mit dieser Übung
klappt:
```

Platz!

Das Training des Platz-Kommandos

Um dem Hund das Kommando „Platz" beizubringen, gibt es verschiedene Möglichkeiten. Beginnen Sie damit, den Hund in eine Sitzposition zu führen. Halten Sie dann ein Leckerchen vor seine Nase und senken Sie es langsam mit Ihrer flachen Hand zum Boden.
Viele Hunde werden sich dabei von selbst hinlegen. Sobald Brust und Hinterteil den Boden berühren, geben Sie das Kommando „Platz", loben Sie den Hund und belohnen Sie ihn in Bodennähe.

Achten Sie darauf, ein Auflösesignal festzulegen, das signalisiert, dass die Übung beendet ist und der Hund wieder aufstehen darf.
Trainieren Sie nun mit zunehmendem Abstand, sodass der Hund das Signal (eine flache Hand, die sich in Richtung Boden bewegt) und das Wort „Platz"

mit dem Hinlegen verbindet. Sie können auch die Dauer des Liegens allmählich erhöhen und das Training in einer Umgebung mit mehr Ablenkungen durchführen, um den Hund herauszufordern.

Platz für eigene Notizen darüber, wie es mit dieser Übung klappt:

Bleib!

Das Training des Befehls „Bleib!"

Das Kommando „Bleib!" ist äußerst nützlich, um Ihren Hund an einem bestimmten Ort zu halten. Es kann in verschiedenen Alltagssituationen hilfreich
sein, beispielsweise beim Passieren von Joggern oder Radfahrern während
eines Spaziergangs oder beim Warten in Cafés oder Supermärkten. Auch zu
Hause kann das Kommando nützlich sein, wenn Ihr Hund an seinem Platz
bleiben soll. In der Regel wird das Kommando „Bleib!" in Verbindung mit den
Kommandos „Sitz!" und „Platz!" verwendet, die Ihr Hund bereits beherrschen
sollte.

So trainieren Sie das Kommando „Bleib!"

Für die ersten Übungen empfiehlt es sich, eine relativ ablenkungsfreie

Umgebung zu wählen. Beginnen Sie damit, Ihren Hund in die Sitz- oder Platz-Position zu bringen. Gehen Sie dann einige Schritte rückwärts und geben Sie das Signal „Bleib!" zusammen mit einer aufrechten flachen Hand (Stoppzeichen). Wenn Ihr Hund in der Position bleibt, beenden Sie die Übung, indem Sie ihn beispielsweise zu sich rufen (Auflösesignal). Gehen Sie zu ihm zurück und belohnen Sie sein Verhalten, jedoch nur, wenn er bis zum Auflösesignal ausgeharrt hat.

Im nächsten Schritt können Sie die Dauer und Entfernung allmählich erhöhen. Geben Sie das Kommando nur einmal und wiederholen Sie es nicht fortlaufend. Ein Tipp: Viele Hunde finden es einfacher zu warten, wenn sie einen speziellen markierten Platz wie eine Decke, ein Körbchen oder ein Handtuch haben, auf dem sie sich sicher und geborgen fühlen.

Platz für eigene Notizen darüber, wie es mit dieser Übung klappt:

Aus!

Das Kommando „Aus!"

Das Zurückgeben einer Beute ist für die meisten Hunde eine Herausforderung. Doch manchmal nehmen sie unbeabsichtigt gefährliche oder unangemessene Gegenstände ins Maul, die sogar lebensbedrohlich sein können (z. B. spitze oder giftige Objekte). Auch für das Apportieren ist es wichtig, dass der Hund Gegenstände freigibt.

So trainieren Sie das Kommando „Aus!"

Bieten Sie Ihrem Hund als Reaktion auf das Kommando „Aus!" ein unwiderstehliches Tauschgeschäft an - idealerweise sein Lieblingsspielzeug oder ein Leckerli. Während er sein Maul öffnet und den Gegenstand fallen lässt, sagen Sie ruhig und entschlossen „Aus!" und überreichen ihm das interessantere

Tauschobjekt. Später genügt es, ihn einfach zu loben, um das gewünschte Verhalten zu bestärken.

Platz für eigene Notizen darüber, wie es mit dieser Übung
klappt:

Nein!

Das Kommando „Nein!"

Das Kommando „Nein!" setzt klare Grenzen für bestimmte Gegenstände oder Verhaltensweisen. Es ist eines der entscheidenden Kommandos in der Hundeerziehung und vereinfacht das Zusammenleben mit dem Hund erheblich. Es gibt zahlreiche Dinge, die der Hund nicht tun darf: das Stehlen von Essen oder das Zerbeißen der Lieblingsschuhe seines Frauchens zum Beispiel. Im Training gegen Giftköder rettet das Kommando „Nein!" sogar Leben. Üben Sie dieses Signal daher gründlich ein und verwenden Sie es nicht zu häufig, um seine wichtige Signalwirkung aufrechtzuerhalten.

So trainieren Sie das Kommando „Nein!"

Halten Sie ein Leckerli in Ihrer offenen Hand. Wenn Ihr Hund versucht, es zu nehmen, sagen Sie klar und entschlossen „Nein!" und schließen Ihre Hand. Öffnen Sie dann erneut Ihre Hand und wiederholen Sie den Vorgang. Erst wenn Ihr Hund nicht mehr ungeduldig Ihre Hand anstupst und stattdessen Blickkontakt zu Ihnen sucht, öffnen Sie Ihre Hand und erlauben ihm mit dem Wort „Freigabe", das Leckerli zu nehmen. Im nächsten Schritt legen Sie das Leckerli auf den Boden und wiederholen die Übung.

Platz für eigene Notizen darüber, wie es mit dieser Übung
klappt:

Komm!

Das Signal „Komm!"

Ein zuverlässiges Signal zur Rückkehr ist von entscheidender Bedeutung und gehört zu den wichtigsten Kommandos, die Ihr tierischer Begleiter beherrschen sollte. Es dient dem Schutz des Hundes, des Menschen und der Umwelt und ermöglicht ihm gleichzeitig den Freilauf. Das Signal „Komm!" wird von den meisten Hunden schnell erlernt, da sie dieses Verhalten oft von sich aus zeigen. Insbesondere Welpen haben die natürliche Neigung, ihren Zweibeinern zu folgen oder sie nach abenteuerlichen Erkundungstouren in unbekannten Situationen wieder aufzusuchen.

So trainieren Sie das Signal „Komm!"

Wenn der Hund zu Ihnen kommt, geben Sie das Signal „Komm!" und freuen sich über seine Ankunft. Ein freundliches „Komm!" und eine offene Körperhaltung laden den Hund ein, in jeder Situation gerne zu Ihnen zu kommen. Sobald der Hund bei Ihnen ist, belohnen Sie ihn sofort mit Leckerlis, Streicheleinheiten oder seinem Lieblingsspielzeug. Jede Rückkehr sollte immer positiv verstärkt und so attraktiv wie möglich gestaltet werden, um eine nachhaltige Festigung des Rückrufs zu gewährleisten.

Der Trick besteht darin, sich selbst interessanter zu machen als die Umgebung. Zusätzlich zur verbalen Stimme können Sie auch mit einem Signalgerät wie einer Hundepfeife* arbeiten. Pfeifen Sie und verbinden Sie dies mit dem Signal „Komm!". Ähnlich wie beim Klicker wird der Hund bald die Pfeife mit dem Signal in Verbindung bringen und Sie können auf den verbalen Befehl verzichten.

Platz für eigene Notizen darüber, wie es mit dieser Übung klappt:

fuss!

Mit dem Signal „Fuß!" erreichen Sie, dass Ihr Hund mit und ohne Leine entspannt an Ihrer Seite geht. Dieses Signal ist besonders wichtig, wenn Sie sich entlang einer viel befahrenen Route oder eines Radwegs bewegen. Es kann auch hilfreich sein, Ihren Hund mit dem Signal „Fuß!" abzulenken, wenn unerwünschte Ereignisse drohen, da das Befolgen des Signals Ihrem Hund viel Konzentration abverlangt.

So trainieren Sie das Signal „Fuß!"

Halten Sie ein kleines Leckerchen in Ihrer linken Hand und starten Sie in der Ausgangsposition: Ihr Hund steht mit der Leine an Ihrer linken Seite. Beginnen Sie mit dem Gehen. Im Idealfall folgt Ihr Hund Ihrer Hand mit der Nase und sucht hin und wieder Blickkontakt. Dabei geben Sie das Signal „Fuß!". Wenn Ihr Hund entspannt neben Ihnen geht, geben Sie ihm eines der

Leckerchen als Belohnung. Wenn Ihr Hund jedoch ungeduldig zieht oder bellt, bleiben Sie stehen und setzen Sie den Weg erst fort, wenn er sich beruhigt hat.

Im nächsten Fuß variieren Sie das Tempo. In einem weiteren Fuß können Sie auch ohne Leine üben, jedoch zunächst in einem eingezäunten Bereich oder mit einer langen Leine zur Sicherheit. Da diese Übung von Ihrem Hund – unabhängig von seinem Alter – viel Konzentration erfordert, empfiehlt es sich, nur in kurzen Trainingsphasen mit ihm zu üben.

Platz für eigene Notizen darüber, wie es mit dieser Übung klappt:

Jetzt!

Jetzt: Dieses Kommando kann verwendet werden, um Ihrem Hund zu signalisieren, dass er eine vorher angehaltene oder erwartete Aktion nun ausführen darf. Es ist besonders hilfreich, um Ihren Hund beispielsweise geduldig auf sein Futter warten zu lassen.

Beginnen Sie damit, Ihren Hund vor seinem Futter sitzen zu lassen. Halten Sie ihn zurück und sagen Sie deutlich „Warten". Zeigen Sie mit Ihrem Handzeichen, dass er warten soll.

Lassen Sie ihn einige Sekunden warten, dann sagen Sie „Jetzt" und zeigen Sie mit Ihrem Handzeichen, dass er nun darf. Wenn Ihr Hund zum Futter geht, nachdem Sie „Jetzt" gesagt haben, loben Sie ihn und lassen Sie ihn fressen. Üben Sie dieses Kommando regelmäßig, indem Sie die Wartezeit schrittweise verlängern. Es ist wichtig, dass Ihr Hund lernt, geduldig zu sein und auf Ihr

Signal zu warten, bevor er eine Aktion ausführt.

Sie können dieses Kommando auch in anderen Situationen verwenden, zum Beispiel wenn Sie möchten, dass Ihr Hund vor der Tür wartet, bevor er nach draußen darf, oder wenn Sie ein Spielzeug werfen und möchten, dass er wartet, bis er es holen darf.

Platz für eigene Notizen darüber, wie es mit dieser Übung klappt:

Jagdinstinkt beherrschen.

Nicht jagen: Dieses Kommando ist besonders wichtig für Hunde, die einen starken Jagdtrieb haben. Es kann dazu beitragen, Ihren Hund davon abzuhalten, Tiere zu jagen oder in gefährliche Situationen zu geraten.

Um Ihrem Hund das Kommando „Nicht jagen" beizubringen, beginnen Sie in einer sicheren und kontrollierten Umgebung. Sie können ein Spielzeug verwenden, das sich bewegt, um den Jagdtrieb Ihres Hundes anzusprechen, wie zum Beispiel eine Spielzeugmaus an einer Schnur.

Wenn Ihr Hund das Spielzeug jagt, sagen Sie das Kommando „Nicht jagen" und lenken Sie seine Aufmerksamkeit auf sich, entweder mit einem Leckerli oder einem anderen Spielzeug. Wenn er aufhört zu jagen und zu Ihnen kommt, loben Sie ihn und geben Sie ihm ein Leckerli.
Üben Sie dieses Kommando regelmäßig und in verschiedenen Situationen. Mit

der Zeit sollten Sie das Training in eine Umgebung mit mehr Ablenkungen verlagern, wie zum Beispiel einen Park mit Eichhörnchen oder Vögeln. Seien Sie geduldig und konsequent. Es kann einige Zeit dauern, bis Ihr Hund dieses Kommando vollständig versteht, besonders wenn er einen starken Jagdtrieb hat.

Das waren alle Grundkommandos, die wir besprechen wollten. Jedes dieser Kommandos kann dazu beitragen, die Sicherheit und das Wohlbefinden Ihres Hundes zu verbessern, sowie Ihre Beziehung zu stärken. Denken Sie daran, dass Training Geduld und Konsequenz erfordert, und dass es wichtig ist, Ihren Hund immer mit Liebe und Respekt zu behandeln. Viel Spaß beim Training!

Platz für eigene Notizen darüber, wie es mit dieser Übung klappt:

Klickertraining leicht gemacht.

Das Klickertraining ist eine effektive und wissenschaftlich fundierte Methode zur Hundeerziehung und -training, die auf den Prinzipien des operanten Konditionierens basiert. Es ist eine Methode, die positive Verstärkung verwendet, um gewünschtes Verhalten zu belohnen und zu fördern. In diesem umfassenden Artikel erfahren Sie, was Klickertraining ist, wie es funktioniert, welche Vorteile es bietet und wie Sie es effektiv einsetzen können.

Was ist Klickertraining?
Klickertraining ist eine Methode der Hundeerziehung, bei der ein spezieller „Klicker" - ein kleines Gerät, das einen deutlichen Klick-Ton erzeugt - verwendet wird, um dem Hund zu signalisieren, dass er etwas richtig gemacht hat. Der Klicker dient als „Brückenwort" oder „Marker", der den exakten Moment des gewünschten Verhaltens markiert und dem Hund sagt: „Genau das hast du richtig gemacht!"

Damit klappt das Training!

Im Grunde ist der Klicker ein Kommunikationswerkzeug. Er liefert eine klare und konsistente Botschaft, die Hunde leicht verstehen können. Der Klick-Ton ist immer gleich und wird vom Hund nicht mit anderen Geräuschen oder menschlichen Stimmen verwechselt.

Wie funktioniert das Klickertraining?
Das Prinzip des Klickertrainings basiert auf dem operanten Konditionieren, einer Lerntheorie, die besagt, dass das Verhalten durch seine Konsequenzen geformt wird. Wenn ein Verhalten zu einer positiven Konsequenz führt (z.B. einer Belohnung), wird es wahrscheinlich wiederholt.

Im Klickertraining wird der Klicker verwendet, um den genauen Moment des gewünschten Verhaltens zu markieren. Sobald der Hund das gewünschte Verhalten zeigt, wird der Klicker betätigt und der Hund wird sofort belohnt. Auf diese Weise lernt der Hund, dass der Klick-Ton eine Belohnung ankündigt und dass das markierte Verhalten zu einer Belohnung führt.

Ein typisches Trainingsszenario könnte folgendermaßen aussehen: Nehmen wir an, Sie möchten Ihrem Hund beibringen, „Sitz" zu machen. Sie warten, bis Ihr Hund sich von selbst hinsetzt. In dem Moment, in dem sein Hinterteil den Boden berührt, klicken Sie und geben ihm sofort eine Belohnung. Ihr Hund wird schnell lernen, dass das Sitzen zum Klick und zur Belohnung führt.

Vorteile des Klickertrainings
Klickertraining bietet eine Reihe von Vorteilen gegenüber anderen Trainingsmethoden:

Klare Kommunikation: Der Klicker liefert eine klare und eindeutige Botschaft. Es gibt keine Verwirrung oder Fehlinterpretationen, wie es manchmal bei verbalen Befehlen der Fall sein kann.

Schnelles Lernen: Da der Klicker den genauen Moment des gewünschten Verhaltens markiert, kann der Hund schnell lernen, welches Verhalten belohnt wird.

Positive Verstärkung: Klickertraining basiert auf positiver Verstärkung, was bedeutet, dass gewünschtes Verhalten belohnt und gefördert wird, anstatt unerwünschtes Verhalten zu bestrafen. Dies fördert ein positives Lernumfeld und stärkt die Beziehung zwischen Ihnen und Ihrem Hund.

Flexibilität: Klickertraining kann für eine Vielzahl von Verhaltensweisen und Kommandos verwendet werden, von einfachen Kommandos wie „Sitz" und „Platz" bis hin zu komplexeren Tricks und Fertigkeiten.

Baut Vertrauen und Bindung auf: Da das Klickertraining auf Belohnung und nicht auf Bestrafung basiert, wird es von den Hunden oft positiv aufgenommen, was das Vertrauen und die Bindung zwischen Ihnen und Ihrem Hund stärkt.

Klickertraining erfolgreich einsetzen: Tipps und Tricks
1. Den Klicker „aufladen": Bevor Sie mit dem Klickertraining beginnen, sollten Sie den Klicker „aufladen" oder „konditionieren". Dies bedeutet, dass Sie Ihren Hund darauf konditionieren, dass der Klicker-Ton eine Belohnung ankündigt. Um dies zu tun, klicken Sie einfach und geben Sie Ihrem Hund sofort eine Belohnung. Wiederholen Sie diesen Vorgang mehrmals, bis Ihr Hund die

Verbindung zwischen dem Klicker-Ton und der Belohnung verstanden hat.

2. Timing ist alles: Bei der Verwendung des Klickers ist das richtige Timing entscheidend. Der Klick sollte genau im Moment des gewünschten Verhaltens erfolgen. Wenn das Timing nicht stimmt, könnte Ihr Hund das falsche Verhalten mit der Belohnung assoziieren.

3. Sofortige Belohnung: Nach dem Klick sollte die Belohnung sofort erfolgen. Je schneller die Belohnung erfolgt, desto besser wird Ihr Hund die Verbindung zwischen seinem Verhalten und der Belohnung verstehen.

4. Verwendung von qualitativ hochwertigen Belohnungen: Verwenden Sie Belohnungen, die Ihr Hund wirklich mag, wie z.B. kleine Stücke von seinem Lieblingssnack oder Spielzeug. Je attraktiver die Belohnung, desto motivierter wird Ihr Hund sein, das gewünschte Verhalten zu zeigen.

5. Kurze Trainingseinheiten: Hunde lernen am besten in kurzen, aber regelmäßigen Trainingseinheiten. Zehn bis fünfzehn Minuten pro Trainingseinheit sind in der Regel ausreichend. Mehrere kurze Trainingseinheiten pro Tag sind oft effektiver als eine lange Trainingseinheit.

Zusammenfassend ist das Klickertraining eine effektive und positive Methode zur Hundeerziehung. Mit ein wenig Übung und Geduld kann es Ihnen und Ihrem Hund helfen, besser zu kommunizieren und das Training zu einer angenehmen und lohnenden Erfahrung zu machen.

Der Hundeführerschein

Von den Profis lernen.

Haben Sie bereits vom BHV Hundeführerschein gehört? Es handelt sich dabei um eine Art Führerschein, allerdings nicht für das Auto, sondern für Sie und Ihren vierbeinigen Begleiter. Interessant, nicht wahr? Viele Hundeschulen und Trainer bieten diesen Kurs an, um Sie und Ihren pelzigen Freund auf ein sicheres und harmonisches Zusammenleben im Alltag vorzubereiten. Diese Initiative wird vom Berufsverband der Hundeerzieher/innen und Verhaltensberater/innen e.V. (kurz BHV) ins Leben gerufen und überwacht. In diesem Artikel erfahren Sie alles Wissenswerte darüber - von den Prüfungsinhalten über die Vorbereitung bis hin zur Bedeutung für Sie als Hundehalter.

Das Ziel dieser Unternehmung besteht darin, Sie und Ihren Hund für das Leben in der Gesellschaft zu qualifizieren. Das bedeutet, Sie erfahren alles Wissenswerte über Hundeerziehung, Kommunikation, Verhalten und sogar rechtliche Aspekte, während Ihr Hund lernt, sich in verschiedenen Situationen angemessen und sicher zu verhalten.

Die Prüfung selbst setzt sich aus Theorie und Praxis zusammen. In der Theorie füllen Sie einen Multiple-Choice-Fragebogen aus, in dem Themen wie Hundeerziehung, Kommunikation, Lernverhalten, Körpersprache, Hundehaltung, Pflege, rechtliche Aspekte und sogar Erste Hilfe für Hunde behandelt werden.

In der Praxis muss Ihr Hund dann sein Können unter Beweis stellen: Grundgehorsam (Sitz, Platz, Bleib, Herankommen auf Zuruf, Leinenführigkeit), Begegnungen mit anderen Hunden und Menschen, Verhalten in Alltagssituationen (z.B. Straßenverkehr, öffentliche Verkehrsmittel, Menschenmengen) und das Bewältigen von Umweltreizen (Geräusche, ungewohnte Objekte, Bodenbeläge). Und natürlich muss er auch beweisen, dass er ohne Sie entspannt bleiben kann.

Um sich auf den BHV Hundeführerschein vorzubereiten, können Sie an speziellen Vorbereitungskursen teilnehmen. Viele Hundeschulen und Trainer bieten diese an und sie decken sowohl die theoretischen als auch die praktischen Aspekte ab. Also, warum zögern Sie noch? Bereiten Sie sich und Ihren vierbeinigen Freund auf den Alltag vor!

Warum sollten Sie sich also die Mühe machen, den BHV Hundeführerschein zu absolvieren, wenn dieser doch freiwillig ist? Ganz einfach, weil er Ihnen und Ihrem Hund eine Vielzahl von Vorteilen bietet.

Erstens, Sicherheit und Verantwortungsbewusstsein: Indem Sie die Prüfung bestehen, zeigen Sie, dass Sie Ihren Hund unter Kontrolle haben und potenzielle Konflikte im Alltag geschickt vermeiden können.

Zweitens, bessere Kommunikation und Bindung: Die Vorbereitung auf den BHV Hundeführerschein hilft Ihnen, Ihre Kommunikation mit Ihrem Hund zu verbessern und ihn besser zu verstehen. Dies führt zu einer stärkeren Bindung und einem harmonischeren Zusammenleben.

Drittens, Anerkennung durch Dritte: Obwohl der BHV Hundeführerschein in Deutschland keine gesetzliche Pflicht ist, kann er bei Versicherungen, Vermietern oder Behörden als Nachweis für verantwortungsvolle Hundehaltung anerkannt werden. Das kann beispielsweise bei der Wohnungssuche oder beim Abschluss einer Haftpflichtversicherung von Vorteil sein.

Viertens, Sie fördern das positive Image von Hunden: Indem Sie den BHV Hundeführerschein absolvieren und verantwortungsvoll mit Ihrem Hund umgehen, tragen Sie dazu bei, das Bild von Hunden und Hundehaltern in der Gesellschaft zu verbessern und Vorurteile abzubauen.

Zusammenfassend lässt sich sagen, dass der BHV Hundeführerschein eine wirklich lohnenswerte Sache ist. Er trägt dazu bei, das Zusammenleben von Mensch und Hund sicherer und harmonischer zu gestalten. Durch die Teilnahme an Vorbereitungskursen und das Bestehen der Prüfung demonstrieren Sie, dass Sie verantwortungsbewusst mit Ihrem Hund umgehen und erweitern Ihre Kenntnisse und Fähigkeiten im Umgang mit Ihrem Vierbeiner. Also, nehmen Sie die Leine und machen Sie sich auf den Weg zur nächsten Hundeschule!

Adressen und weitere Informationen finden Sie im Service-Teil weiter hinten in diesem Buch.

Hundeführerschein

„Hunde sind die besten Freunde des Menschen, weil sie die Fehler des Menschen übersehen." - Aldous Huxley

freunde für ein ganzes Leben.

Es lässt sich nicht leugnen, dass eine Freundschaft zwischen einem Kind und einem Hund, die im gemeinsamen Aufwachsen entsteht, eine Bereicherung für beide Seiten darstellen kann. Hunde sind bekanntermaßen die besten Freunde des Menschen und Kinder können von der Beziehung zu diesen pelzigen Begleitern viel profitieren.

So lernen Kinder beispielsweise soziale Kompetenzen durch den Umgang mit einem Hund. Empathie, Verantwortungsbewusstsein und Kommunikation werden gefördert, indem das Kind auf die Bedürfnisse des Hundes eingeht und sich um sein Wohlbefinden kümmert.

Auch in emotionaler Hinsicht kann ein Hund wertvolle Unterstützung leisten. Als steter Begleiter und Seelentröster steht er immer zur Seite, wenn es dem Kind einmal nicht so gut geht. Gerade in schwierigen Lebenssituationen ist der Trost und die Sicherheit, die ein Hund bieten kann, von unschätzbarem Wert.

Darüber hinaus fördert ein Hund die körperliche Aktivität des Kindes. Hunde müssen regelmäßig ausgeführt werden, sie wollen spielen und toben. Dies bietet Kindern eine hervorragende Gelegenheit, sich auszutoben und ihre motorischen Fähigkeiten zu verbessern. Gemeinsame Aktivitäten stärken zudem das Gemeinschaftsgefühl.

Ein weiterer positiver Aspekt ist die Förderung von Selbstbewusstsein und Unabhängigkeit bei Kindern. Durch die Übernahme von Verantwortung für den Hund stärken sie ihr Selbstwertgefühl und sehen sich selbst in der Rolle des Beschützers.

Schließlich kann ein Hund die soziale Interaktion des Kindes fördern. Als Eisbrecher hilft er dabei, Kontakte zu knüpfen. Hunde ziehen oft die Aufmerksamkeit auf sich und sorgen so für Gesprächsstoff und gemeinsame Aktivitäten.

Bevor Sie jedoch sofort losgehen und einen Hund für Ihre Familie holen, sollten Sie einige Dinge beachten:

Zum einen die Auswahl der Hunderasse. Einige Rassen sind besser für Familien mit Kindern geeignet, weil sie geduldiger und robuster im Umgang mit Kindern sind. Beispielsweise sind belgische Schäferhunde und Retriever bekannt dafür, sehr kinderfreundlich zu sein.

Die Sicherheit von Kind und Hund sollte ebenfalls Priorität haben. Kinder sollten lernen, wie sie sich sicher und respektvoll gegenüber Hunden verhalten. Als Elternteil sollten Sie stets ein Auge auf das Zusammenspiel haben, um eventuelle Gefahren abzuwenden.

Schließlich sollten Sie das Wohlbefinden des Hundes im Auge behalten. Auch das Kind sollte die Grenzen des Hundes respektieren und seine Bedürfnisse verstehen. Beispielsweise sollte klar sein, dass der Hund beim Fressen oder Schlafen seine Ruhe braucht.

Um die Freundschaft zwischen Kind und Hund zu fördern, gibt es einige Maßnahmen, die Sie ergreifen können:

Zum einen das Training und die Erziehung. Ein gut erzogener Hund ist einfacher zu handhaben und sicherer für das Kind. Gemeinsames Training, eventuell in einer Hundeschule oder in Welpenkursen, kann dazu beitragen, das Verständnis und die Kommunikation zwischen Kind und Hund zu verbessern.

Zum anderen sind gemeinsame Aktivitäten von großer Bedeutung. Planen Sie regelmäßig Unternehmungen, an denen sowohl das Kind als auch der Hund teilnehmen können. Dies kann ein Spaziergang, ein Ausflug zum Hundestrand oder sogar die Teilnahme an Hundesportarten wie Agility oder Flyball sein. Diese Aktivitäten fördern nicht nur die Gesundheit von Kind und Hund, sondern stärken auch das Zusammengehörigkeitsgefühl und die sozialen Fähigkeiten beider.

Eine weitere Möglichkeit besteht darin, das Kind in die Pflege des Hundes einzubeziehen. Dazu gehören Aktivitäten wie das Füttern, die Reinigung des Schlafplatzes und das Bürsten des Fells. Auf diese Weise lernt das Kind, Verantwortung zu übernehmen, was die Bindung zwischen Kind und Hund vertiefen kann.

Ein weiterer wichtiger Aspekt sind die Regeln und Grenzen. Es ist essentiell, dass sowohl das Kind als auch der Hund die Regeln und Grenzen in ihrer Beziehung kennen und respektieren. Kinder müssen lernen, die Körpersprache und die Bedürfnisse des Hundes zu erkennen und zu respektieren. Gleichzeitig sollte der Hund lernen, auf die Kommandos des Kindes zu hören und bestimmte Grenzen zu respektieren.

Letztlich erfordert eine gute Beziehung zwischen Kind und Hund Geduld und Verständnis von beiden Seiten. Kinder sollten lernen, dass Hunde eigene Persönlichkeiten und Bedürfnisse haben, die respektiert werden müssen. Gleichzeitig sollten Eltern darauf achten, dass das Kind genügend Zeit und Raum hat, um eine harmonische Beziehung mit dem Hund aufzubauen.

Durch die gemeinsame Arbeit an der Beziehung zwischen Kind und Hund können Eltern und Kinder eine tiefe Freundschaft fördern, die für beide Seiten sehr wertvoll ist. Diese Freundschaft bietet viele Vorteile für die soziale, emotionale und körperliche Entwicklung des Kindes und sorgt dafür, dass sich der Hund als geliebtes und geschätztes Mitglied der Familie fühlt.

Ein gutes Team!

„Alles Wissen, die Gesamtheit aller Fragen und Antworten, ist in den Hunden enthalten." - Franz Kafka

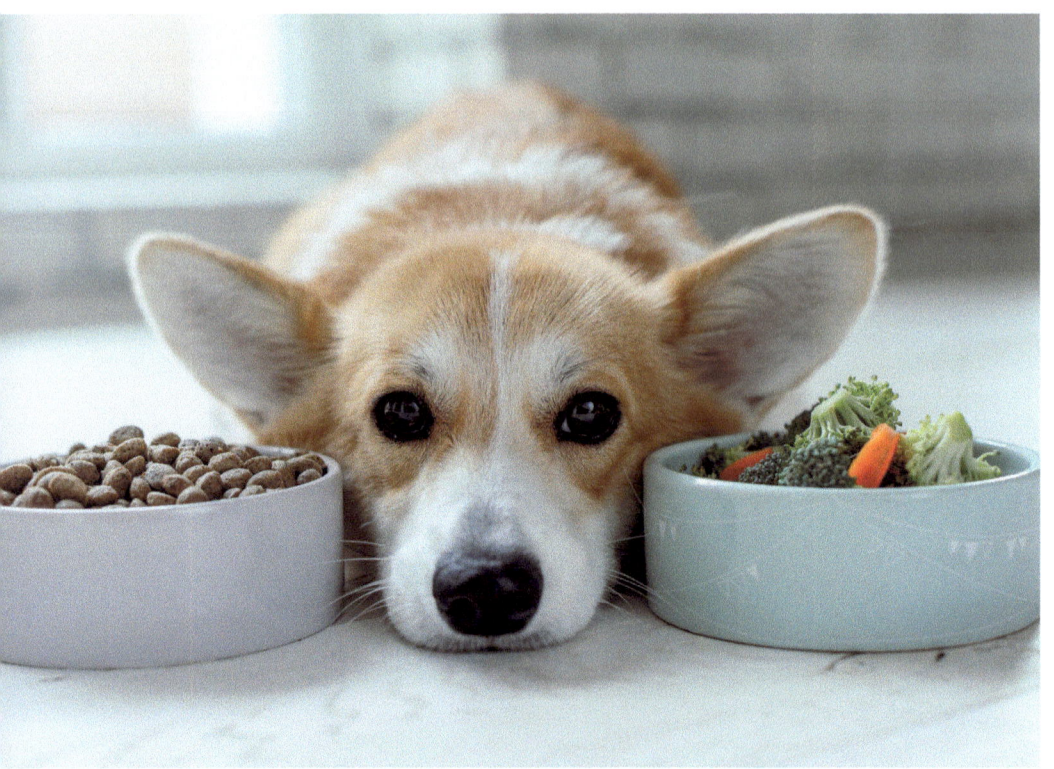

Die Grundlage für einfach alles.

Die Grundlagen der Hundernährung: Die Bedeutung einer ausgewogenen Ernährung für Hunde

Eine ausgewogene und nährstoffreiche Ernährung ist für jeden Hund von entscheidender Bedeutung. Sie ist das Fundament, auf dem Gesundheit, Lebensqualität und Langlebigkeit aufbauen.

Eine unzureichende oder unausgewogene Ernährung kann zu verschiedenen Gesundheitsproblemen wie Haut- und Fellproblemen, schlechter Knochengesundheit, Immunsystemschwäche und vielen anderen Zuständen führen. Daher ist es unerlässlich, dass Hundebesitzer die Grundlagen der Hundernährung verstehen.

Proteine

Proteine sind die Bausteine des Körpers und haben eine zentrale Bedeutung in der Ernährung eines Hundes. Sie liefern essentielle Aminosäuren, die für Wachstum, Muskelaufbau, Reparatur von Körperzellen und die Produktion von Hormonen und Enzymen notwendig sind.

Hochwertige tierische Proteine wie Geflügel, Rind, Fisch und Ei sind besonders wichtig, da sie alle essentiellen Aminosäuren enthalten, die Hunde für eine optimale Gesundheit benötigen.

Kohlenhydrate

Kohlenhydrate liefern Energie und sind besonders für sehr aktive Hunde wichtig. Sie enthalten Ballaststoffe, die die Verdauungsgesundheit unterstützen. Es ist jedoch wichtig darauf zu achten, dass die Kohlenhydrate aus guten Quellen wie Vollkornprodukten, Obst und Gemüse stammen. Diese enthalten auch Vitamine, Mineralstoffe und Antioxidantien.

Fette

Fette sind die konzentrierteste Energiequelle in der Ernährung eines Hundes. Sie liefern essentielle Fettsäuren, die für die Gehirnfunktion, die Aufrechterhaltung der Haut- und Fellgesundheit und die Unterstützung des Immunsystems wichtig sind. Omega-3- und Omega-6-Fettsäuren sind besonders nützlich für Hunde.

Vitamine und Mineralstoffe

Vitamine und Mineralstoffe spielen eine entscheidende Rolle in zahlreichen Körperprozessen. Sie sind an Funktionen wie der Knochengesundheit (Kalzium, Phosphor, Vitamin D), der Blutbildung (Eisen, Vitamin B12), der Haut- und Fellgesundheit (Zink, Vitamin A), der Augengesundheit (Vitamin A) und vielen anderen beteiligt.

Hundebesitzer sollten beachten, dass zu viele Vitamine und Mineralien ebenso schädlich sein können wie zu wenige. Deshalb ist es wichtig, ein ausgewogenes Hundefutter zu wählen, das speziell darauf ausgelegt ist, den Nährstoffbedarf des Hundes zu decken, ohne dass eine Über- oder Unterversorgung entsteht.

Wasser

Wie ich bereits erwähnt habe, ist Wasser ein unverzichtbarer Bestandteil der Hundeernährung. Es ist an fast allen Körperfunktionen beteiligt, einschließlich Verdauung, Nährstofftransport, Regulierung der Körpertemperatur und mehr. Ein Hund kann Tage oder sogar Wochen ohne Nahrung überleben, aber nur wenige Tage ohne Wasser. Daher sollte immer darauf geachtet werden, dass Ihr Hund jederzeit Zugang zu frischem, sauberem Wasser hat.

Zusammenfassung

Eine ausgewogene Ernährung, die alle notwendigen Nährstoffe enthält, ist unerlässlich für die Gesundheit und das Wohlbefinden Ihres Hundes. Proteine, Kohlenhydrate, Fette, Vitamine, Mineralstoffe und Wasser sind alle wichtige Bestandteile, die in der richtigen Menge und im richtigen Verhältnis vorhanden sein müssen.

Es ist auch wichtig zu beachten, dass die spezifischen Ernährungsbedürfnisse eines Hundes von verschiedenen Faktoren wie Alter, Rasse, Gewicht, Aktivitätsniveau und Gesundheitszustand abhängen können. Daher kann es ratsam sein, mit einem Tierarzt oder einem Hundeernährungsberater zusammenzuarbeiten, um die am besten geeignete Ernährung für Ihren speziellen Hund zu ermitteln.

Zu guter Letzt sollte die Ernährung Ihres Hundes auch schmackhaft sein! Eine ausgewogene und nährstoffreiche Ernährung ist nutzlos, wenn Ihr Hund sie nicht frisst. Die beste Ernährungsstrategie berücksichtigt sowohl die gesundheitlichen Bedürfnisse als auch die Vorlieben Ihres Hundes.

Die Rolle der Ernährung in verschiedenen Lebensphasen: Anpassung an Alter, Größe und Gesundheitszustand

Die Ernährungsbedürfnisse eines Hundes können sich im Laufe seines Lebens dramatisch ändern. Von den ersten Tagen als Welpe bis ins hohe Alter sind spezielle Ernährungen und Fütterungspläne notwendig, um die Gesundheit und das Wohlbefinden zu fördern und zu erhalten. Dabei spielen sowohl das Alter als auch die Größe und der Gesundheitszustand eine entscheidende Rolle.

Welpenernährung

Die Ernährung von Welpen ist von größter Bedeutung, da sie sich in einer intensiven Wachstumsphase befinden. Welpen benötigen eine nährstoffreiche Ernährung mit einem höheren Anteil an Proteinen und Kalorien als erwachsene Hunde, um ihr schnelles Wachstum und die Entwicklung zu unterstützen.

Die Menge des Futters und die Anzahl der Fütterungen pro Tag sollten ebenfalls an das Wachstum und die Energiebedürfnisse des Welpen angepasst werden. Welpen sollten in der Regel drei bis vier Mal pro Tag gefüttert werden.

Ernährung für ausgewachsene Hunde

Sobald ein Hund ausgewachsen ist, ändern sich seine Ernährungsbedürfnisse erneut. Der Bedarf an Kalorien und Proteinen kann sinken, da das schnelle Wachstum nachlässt. Erwachsene Hunde benötigen eine ausgewogene Ernährung, die alle notwendigen Nährstoffe enthält, jedoch nicht überschüssig ist, um Übergewicht und damit verbundene Gesundheitsprobleme zu vermeiden.

Die Menge und die Häufigkeit der Fütterungen können ebenfalls angepasst werden. Die meisten erwachsenen Hunde kommen gut mit zwei Mahlzeiten pro Tag aus.

Ernährung für ältere Hunde

Im Alter ändern sich die Ernährungsbedürfnisse eines Hundes erneut. Ältere Hunde neigen dazu, weniger aktiv zu sein und benötigen daher weniger Kalorien. Gleichzeitig können gesundheitliche Probleme auftreten, die eine Anpassung der Ernährung erfordern.

Viele ältere Hunde profitieren von Ernährungen, die reich an hochwertigen Proteinen und niedrig an Fett und Kalorien sind. Zusätzlich kann es hilfreich sein, spezielle Nährstoffe zu ergänzen, die die Gelenkgesundheit unterstützen oder spezifische gesundheitliche Probleme adressieren.

Anpassung an Größe und Gesundheitszustand

Hunde mit gesundheitlichen Problemen wie Allergien, Herzerkrankungen oder Diabetes benötigen möglicherweise spezielle Ernährungen oder Nahrungsergänzungsmittel. Zum Beispiel kann ein Hund mit Herzproblemen von einer Ernährung profitieren, die niedrig in Natrium und hoch in Omega-3-Fettsäuren ist. Ein diabetischer Hund benötigt eine Ernährung, die hilft, den Blutzuckerspiegel stabil zu halten.

Es ist wichtig zu beachten, dass jede Änderung in der Ernährung eines Hundes, insbesondere wenn es um spezifische Gesundheitsprobleme geht, immer unter Aufsicht eines Tierarztes durchgeführt werden sollte.

Futterauswahl für Hunde: Trockenfutter, Nassfutter, Rohfutter und Hausgemachtes Futter

Die Auswahl des richtigen Futters für Ihren Hund kann eine Herausforderung sein, da es viele verschiedene Optionen und Überlegungen gibt. Die häufigsten Optionen sind Trockenfutter, Nassfutter, Rohfutter (auch bekannt als BARF - Biologisch Artgerechtes Rohes Futter) und hausgemachtes Futter. Jede dieser Optionen hat ihre eigenen Vor- und Nachteile und kann besser oder schlechter für Ihren Hund geeignet sein, abhängig von verschiedenen Faktoren wie Größe, Rasse, Aktivitätsniveau und gesundheitlichen Bedenken.

Trockenfutter

Trockenfutter ist eine der beliebtesten Optionen für Hundefutter. Es hat mehrere Vorteile, darunter lange Haltbarkeit, einfache Lagerung und Handhabung, und es ist oft kostengünstiger als andere Futteroptionen. Es kann auch zur Verbesserung der Zahnhygiene beitragen, da das Kauen von trockenem Futter helfen kann, Plaque zu entfernen.

Ein Nachteil des Trockenfutters ist jedoch, dass es oft hohe Mengen an Kohlenhydraten und weniger Feuchtigkeit enthält als andere Futterarten. Einige Hunde können auch Nahrungsmittelallergien oder -unverträglichkeiten gegen bestimmte Zutaten in Trockenfutter haben.
Nassfutter

Nassfutter ist eine weitere gängige Option. Es ist oft schmackhafter für Hunde und kann eine höhere Qualität an Proteinen und weniger Kohlenhydrate als Trockenfutter enthalten. Darüber hinaus enthält Nassfutter viel Feuchtigkeit, was zur Hydratation beitragen kann.

Nachteile von Nassfutter können die kürzere Haltbarkeit nach dem Öffnen, die höheren Kosten und die Tatsache, dass es weniger bequem zu lagern und zu handhaben ist als Trockenfutter, sein.

Rohfutter (BARF)

Die Rohfütterung oder BARF-Ernährung basiert auf dem Prinzip, Hunde mit rohem Fleisch, Knochen, Obst und Gemüse zu füttern, ähnlich dem, was ihre Vorfahren in der Wildnis gegessen hätten. Befürworter dieser Ernährungsform

Trockenfutter: ja oder nein?

argumentieren, dass sie zu einem glänzenderen Fell, gesünderer Haut und
besserer allgemeiner Gesundheit führt.

Allerdings kann die Rohfütterung auch Herausforderungen und Risiken mit
sich bringen. Sie erfordert eine sorgfältige Planung und Zubereitung, um
sicherzustellen, dass der Hund alle benötigten Nährstoffe erhält. Es besteht
auch ein Risiko für bakterielle Kontamination durch rohes Fleisch.

Hausgemachtes Futter

Hausgemachtes Futter kann zeitaufwendig sein und erfordert eine sorgfältige Planung und Kenntnisse über Hundenährung, um sicherzustellen, dass
es ausgewogen ist und alle notwendigen Nährstoffe enthält. Es kann auch

schwierig sein, die richtige Nährstoffzusammensetzung und Kalorienzufuhr zu erreichen, insbesondere für Welpen, trächtige oder stillende Hündinnen und Hunde mit bestimmten gesundheitlichen Bedingungen.

Bei unsachgemäßer Zubereitung kann es zu ernährungsbedingten Mängeln oder Überschüssen kommen, die die Gesundheit Ihres Hundes beeinträchtigen können.

Wie wählt man das richtige Futter aus?

Bei der Auswahl des richtigen Futters für Ihren Hund sollten Sie mehrere Faktoren berücksichtigen. Dazu gehören die Größe, Rasse und das Alter Ihres Hundes, sein Aktivitätsniveau, eventuelle gesundheitliche Bedenken und natürlich seine persönlichen Vorlieben.

Größere Hunde und aktive Hunde benötigen mehr Kalorien, während kleinere oder weniger aktive Hunde weniger Kalorien benötigen. Einige Rassen haben spezifische ernährungsbedingte Bedürfnisse oder sind anfälliger für bestimmte Gesundheitsprobleme, die durch die Ernährung beeinflusst werden können.

Wenn Ihr Hund gesundheitliche Probleme hat, wie Allergien, Magen-Darm-Probleme, Nierenprobleme oder Übergewicht, sollten Sie ein Futter wählen, das speziell auf seine Bedürfnisse zugeschnitten ist. In diesen Fällen ist es besonders wichtig, mit Ihrem Tierarzt oder einem Tierernährungsberater zusammenzuarbeiten, um die beste Ernährungsstrategie zu finden.

Letztendlich sollte das beste Futter für Ihren Hund eine ausgewogene Versorgung mit allen notwendigen Nährstoffen bieten, zu seinem Lebensstil und seinen gesundheitlichen Bedürfnissen passen und natürlich auch etwas sein, das er gerne frisst.

Lesen von Futtermittel-Etiketten: Ein Leitfaden

Die Auswahl des richtigen Futters für Ihren Hund ist von größter Bedeutung für seine Gesundheit und sein Wohlbefinden. Eine der Schlüsselinformationen, die bei dieser Entscheidung helfen können, sind die Angaben auf dem Etikett des Hundefutters. Das Lesen und Verstehen dieser Etiketten kann jedoch verwirrend sein. Dieser Artikel soll Ihnen helfen, die grundlegenden Elemente eines Hundefutteretiketts zu verstehen.

Produktname

Der Produktname kann oft den ersten Hinweis auf den Inhalt des Futters geben. Wenn der Name eine spezifische Fleischsorte enthält (zum Beispiel „Hühnerfutter"), bedeutet dies in der Regel, dass mindestens 25% des Produkts aus diesem Fleisch bestehen.

Zutatenliste

Die Zutatenliste gibt Aufschluss darüber, was im Futter enthalten ist. Sie ist in absteigender Reihenfolge nach Gewicht sortiert, das heißt, die Zutat, die am meisten im Produkt enthalten ist, steht an erster Stelle. Achten Sie auf Produkte, die Fleisch oder Fleischmehl als erste Zutaten auflisten, da Hunde Protein benötigen.

Beachten Sie, dass die Bezeichnungen auf der Zutatenliste manchmal verwirrend sein können. „Fleisch" bezieht sich auf Muskelfleisch, während „Fleischnebenerzeugnisse" oder „tierische Nebenerzeugnisse" auf andere Teile des Tieres wie Innereien verweisen können.

Nährstoffanalyse

Die Nährstoffanalyse gibt den Prozentsatz von Proteinen, Fetten, Ballaststoffen und Wasser im Futter an. Der Protein- und Fettgehalt kann stark variieren, abhängig davon, ob es sich um ein Futter für Welpen, ausgewachsene oder ältere Hunde handelt. Welpen und aktive Hunde benötigen mehr Protein und Fett, während ältere oder weniger aktive Hunde davon weniger benötigen.

Nährstoffgarantie

In vielen Ländern ist es gesetzlich vorgeschrieben, dass Hundefutter bestimmte Mindestmengen an Nährstoffen enthält. Diese Informationen finden Sie in der Regel unter der „Nährstoffgarantie". Sie gibt den minimalen Prozentsatz an Protein und Fett sowie den maximalen Prozentsatz an Ballaststoffen und Wasser an.

Fütterungsempfehlungen

Diese Anleitung ist wichtig, um eine Vorstellung davon zu bekommen, wie viel Sie Ihrem Hund jeden Tag füttern sollten. Aber denken Sie daran, dass diese Empfehlungen allgemeine Richtlinien sind. Der spezifische Bedarf Ihres

Hundes kann variieren, je nach Alter, Größe, Rasse, Gesundheitszustand und Aktivitätsniveau. Auch muss darauf hingewiesen werden, dass die Futtermittelhersteller natürlich am Verkauf ihrer Produkte interessiert sind, mitunter werden eher zu große als zu geringe Mengen empfohlen.

Lebensmittelzusatzstoffe

Lebensmittelzusatzstoffe wie Konservierungsstoffe, Farbstoffe und Geschmacksverstärker sind oft in Hundefutter enthalten. Während einige davon sicher und notwendig sind, um das Futter frisch und schmackhaft zu halten, können andere potenziell schädlich sein. Versuchen Sie, Produkte zu vermeiden, die künstliche Farbstoffe, Süßstoffe und Konservierungsstoffe enthalten.

Angaben zur Herkunft und Herstellung

Einige Etiketten können auch Angaben zur Herkunft der Zutaten und zur Herstellung des Futters enthalten. Dies kann wichtig sein, wenn Sie besonderen Wert auf Futter aus nachhaltiger Produktion oder mit lokal bezogenen Zutaten legen.

Zusammenfassung

Das Verstehen von Futtermittel-Etiketten ist ein wesentlicher Schritt, um sicherzustellen, dass Ihr Hund eine ausgewogene und gesunde Ernährung erhält. Während es zunächst überwältigend erscheinen mag, kann das Wissen über die Bedeutung von Produktname, Zutatenliste, Nährstoffanalyse, Nährstoffgarantie und Fütterungsempfehlungen dazu beitragen, informierte Entscheidungen über das Futter Ihres Hundes zu treffen.

Gewichtsmanagement und Überfütterung bei Hunden: Ein Leitfaden zur Erhaltung eines gesunden Gewichts

Die Erhaltung eines gesunden Gewichts ist für das Wohlbefinden Ihres Hundes von entscheidender Bedeutung. Leider sind Überfütterung und Fettleibigkeit häufige Probleme bei Hunden, die ernsthafte gesundheitliche Probleme verursachen können. Dieser Artikel soll Ihnen dabei helfen, die Auswirkungen von Überfütterung zu verstehen und Strategien zur Erhaltung eines gesunden Gewichts Ihres Hundes zu erlernen.

Auswirkungen der Überfütterung und Fettleibigkeit

Überfütterung und Fettleibigkeit können eine Reihe von Gesundheitsproblemen bei Hunden verursachen. Dazu gehören Diabetes, Herzkrankheiten, Gelenkprobleme und eine verkürzte Lebenserwartung. Fettleibige Hunde können auch Schwierigkeiten bei körperlichen Aktivitäten haben und sind anfälliger für Hitzeunverträglichkeit und Atemprobleme.

Erkennen von Überfütterung und Fettleibigkeit

Um festzustellen, ob Ihr Hund überfüttert oder fettleibig ist, sollten Sie sowohl sein Gewicht als auch seine Körperform beachten. Ein gesunder Hund sollte eine gut definierte Taille haben und Sie sollten in der Lage sein, seine Rippen zu fühlen, aber nicht zu sehen. Wenn Sie diese Merkmale nicht erkennen können, ist Ihr Hund möglicherweise übergewichtig.

Vorbeugung und Management von Überfütterung und Fettleibigkeit

Um Überfütterung und Fettleibigkeit zu vermeiden, ist es wichtig, eine ausgewogene Ernährung und regelmäßige körperliche Aktivität sicherzustellen. Hier sind einige Strategien, die Sie anwenden können:

Fütterungsempfehlungen beachten: Die auf der Verpackung des Hundefutters angegebenen Fütterungsempfehlungen sind ein guter Ausgangspunkt, um zu bestimmen, wie viel Futter Ihr Hund täglich benötigt. Beachten Sie jedoch, dass diese Empfehlungen je nach Alter, Größe, Rasse und Aktivitätsniveau Ihres Hundes angepasst werden müssen.

Regelmäßige Mahlzeiten: Anstatt Ihrem Hund den ganzen Tag über Zugang zu Futter zu gewähren, sollten Sie feste Fütterungszeiten einplanen. Dies hilft Ihnen, die Menge an Nahrung zu kontrollieren, die Ihr Hund konsumiert, und verhindert Überfütterung.

Ausgewogene Ernährung: Stellen Sie sicher, dass das Futter Ihres Hundes eine ausgewogene Mischung aus Proteinen, Kohlenhydraten und Fetten sowie die notwendigen Vitamine und Mineralien enthält. Vermeiden Sie es, Ihrem Hund zu viele Leckereien oder Tischabfälle zu geben, da diese oft reich an Kalorien und arm an Nährstoffen sind.

Regelmäßige Bewegung: Sorgen Sie dafür, dass Ihr Hund regelmäßig körperliche Aktivität erhält. Dies kann Spaziergänge, Spiele im Park, Agility-Training oder andere Formen der Bewegung umfassen. Regelmäßige Bewegung hilft nicht nur, das Gewicht Ihres Hundes zu kontrollieren, sondern ist auch wichtig für seine allgemeine Gesundheit und sein Wohlbefinden.

Kontrollierte Leckerlies: Es ist völlig in Ordnung, Ihrem Hund gelegentlich ein Leckerli zu geben, aber es ist wichtig, dabei Maß zu halten. Leckerlies sollten nicht mehr als 10% der täglichen Kalorienaufnahme Ihres Hundes ausmachen. Achten Sie außerdem darauf, kalorienarme und gesunde Leckerlies zu wählen.

Regelmäßige Gewichtskontrollen: Es ist empfehlenswert, das Gewicht Ihres Hundes regelmäßig zu kontrollieren, um frühzeitig Anzeichen einer Gewichtszunahme zu erkennen. Falls Sie eine stetige Gewichtszunahme feststellen, sollten Sie sich an Ihren Tierarzt wenden, um die Ursachen zu ermitteln und einen Plan zur Gewichtsreduktion zu erstellen.

Spezielle Ernährungsbedürfnisse bei Hunden: Informationen zur Ernährung bei gesundheitlichen Problemen

Hunde, ähnlich wie Menschen, können unter gesundheitlichen Bedingungen leiden, die spezielle diätetische Anforderungen erfordern. Dieser Artikel gibt einen Überblick über einige gängige Gesundheitsprobleme bei Hunden, die eine spezielle Ernährung erfordern, einschließlich Allergien, Diabetes, Herzkrankheiten und Nierenproblemen.

Allergien

Einige Hunde können allergisch oder intolerant gegen bestimmte Arten von Nahrungsmitteln sein. Die häufigsten Allergene sind Rind, Huhn, Weizen, Mais, Soja, Milch und Eier. Symptome einer Nahrungsmittelallergie können Hautausschläge, Juckreiz, Verdauungsprobleme und mehr umfassen. Bei Verdacht auf eine Nahrungsmittelallergie sollte ein Tierarzt konsultiert werden, der eine Ausschlussdiät empfehlen kann, um das Allergen zu identifizieren. Danach sollte eine hypoallergene Ernährung eingeführt werden, die das Allergen ausschließt.

Diabetes

Diabetes mellitus ist eine häufige Erkrankung bei Hunden, die eine Anpassung der Ernährung erfordert. Eine ausgewogene, niedrig glykämische Ernährung, die reich an komplexen Kohlenhydraten und Ballaststoffen ist, kann helfen, den Blutzuckerspiegel zu regulieren und Gewichtsmanagement zu fördern. Es ist wichtig, dass die Fütterungszeiten und -mengen konsistent bleiben, um einen stabilen Blutzuckerspiegel zu gewährleisten.

Herzerkrankungen

Bei Hunden mit Herzerkrankungen kann eine spezielle Ernährung helfen, die Belastung des Herzens zu verringern. Diese Ernährungen sind oft niedrig in Natrium, um Flüssigkeitsansammlungen zu reduzieren, und reich an Omega-3-Fettsäuren, um Entzündungen zu bekämpfen. Sie können auch eine moderat eingeschränkte Proteinmenge, aber aus hochwertigen Quellen enthalten.

Nierenprobleme

Hunde mit Nierenerkrankungen benötigen eine spezielle Ernährung, die dazu beiträgt, die Belastung der Nieren zu reduzieren. Diese Ernährungen sind typischerweise niedrig in Phosphor und Protein, aber das enthaltene Protein ist von hoher Qualität. Sie können auch erhöhte Mengen an Omega-3-Fettsäuren enthalten, die entzündungshemmende Eigenschaften haben.

Leckerlis und Belohnungen bei Hunden: Ihre Rolle in Ernährung und Training

Leckerlis und Belohnungen spielen eine wichtige Rolle in der Ernährung und im Training von Hunden. Sie können als Anreiz für gutes Verhalten dienen und helfen, das Training effektiver zu machen. Jedoch sollten sie verantwortungsbewusst verwendet werden, um Überfütterung und Ernährungsungleichgewichte zu vermeiden. Dieser Artikel wird die Rolle von Leckerlis in der Ernährung und im Training eines Hundes diskutieren und wie sie richtig verwendet werden sollten.

Die Rolle von Leckerlis in der Ernährung eines Hundes

Leckerlis können eine wertvolle Ergänzung zur Ernährung eines Hundes sein, solange sie in Maßen gegeben werden. Sie können zusätzliche Nährstoffe liefern und dazu beitragen, die Nahrungsaufnahme angenehmer zu gestalten. Es ist jedoch wichtig zu beachten, dass Leckerlis nicht die Hauptnahrungsquelle eines Hundes sein sollten. Sie sollten nicht mehr als 10% der täglichen Kalorienaufnahme eines Hundes ausmachen, da sie sonst zu Gewichtszunahme und Ernährungsungleichgewichten führen können.

Die Rolle von Leckerlis im Training eines Hundes

Im Training können Leckerlis als positive Verstärkung verwendet werden, um gutes Verhalten zu belohnen. Sie können dazu beitragen, das Lernen zu beschleunigen und das Training angenehmer zu gestalten. Es ist jedoch wichtig, sie klug zu verwenden und nicht jedes geringste gute Verhalten mit einem Leckerli zu belohnen, um eine Abhängigkeit zu vermeiden.

Richtiger Einsatz von Leckerlis

Hier sind einige Tipps für den richtigen Einsatz von Leckerlis:

Wählen Sie gesunde Leckerlis: Viele kommerzielle Leckerlis sind reich an Fett und Zucker und können zu Gewichtszunahme und gesundheitlichen Problemen führen. Wählen Sie stattdessen gesunde Optionen wie Obst- und Gemüsestücke, mageres Fleisch oder speziell zubereitete Hunde-Leckerlis, die reich an Proteinen und Ballaststoffen sind.

Verwenden Sie kleine Portionen: Bei der Verwendung von Leckerlis im Training ist es oft effektiver, kleine Portionen zu verwenden. Kleine Leckerlis sind weniger wahrscheinlich, Gewichtszunahme zu verursachen, und Ihr Hund wird wahrscheinlich ebenso erfreut sein, ein kleines Leckerli zu erhalten, wie ein großes.

Variieren Sie die Leckerlis: Variieren Sie die Art der Leckerlis, die Sie Ihrem Hund geben, um ihn zu motivieren und ihm eine Vielfalt von Geschmacksrichtungen und Nährstoffen zu bieten.

Integrieren Sie Leckerlis in das Training (Fortsetzung): Vermeiden Sie es, Leckerlis als Bestechung zu verwenden, da dies dazu führen kann, dass Ihr Hund nur dann gehorcht, wenn er eine Belohnung erwartet. Es ist wichtig, dass Ihr Hund lernt, auf Ihre Anweisungen zu hören, auch wenn kein Leckerli in Aussicht ist.

Die Rolle von Leckerlis bei speziellen Ernährungen

Falls Ihr Hund eine spezielle Ernährung aufgrund von gesundheitlichen Bedingungen oder Gewichtsmanagement einhalten muss, ist es besonders wichtig, geeignete Leckerlis zu wählen. Es gibt eine Reihe von Leckerlis auf dem Markt, die speziell für Hunde mit bestimmten Gesundheitszuständen, wie Diabetes oder Nierenerkrankungen, formuliert sind. Es ist wichtig, dass die Leckerlis, die Sie auswählen, die speziellen diätetischen Anforderungen Ihres Hundes erfüllen und nicht seine Gesundheit gefährden.

Gefährliche Lebensmittel für Hunde: Was Sie vermeiden sollten

Es ist verlockend, Ihren Hund mit Leckereien von Ihrem eigenen Teller zu verwöhnen, aber viele gängige Lebensmittel und Substanzen, die für Menschen sicher sind, können für Hunde giftig sein. Diese Lebensmittel können schwere gesundheitliche Probleme verursachen und in einigen Fällen sogar tödlich sein.

Schokolade und Kaffee

Schokolade und Kaffee enthalten Substanzen namens Methylxanthine (speziell Theobromin in Schokolade und Koffein in Kaffee), die für Hunde toxisch sind. In ausreichenden Mengen können sie Erbrechen, Durchfall, übermäßigen Durst und Harnabsatz, Hyperaktivität, abnormalen Herzrhythmus, Krämpfe und sogar den Tod verursachen. Dunkle Schokolade, Backschokolade und Kakaopulver sind besonders gefährlich, da sie höhere Mengen an Theobromin enthalten.

Zwiebeln und Knoblauch

Zwiebeln und Knoblauch, sowohl roh als auch gekocht, sind für Hunde toxisch. Sie enthalten Schwefelverbindungen, die die roten Blutkörperchen von Hunden schädigen können, was zu Anämie führen kann. Symptome können Schwäche, Apathie, blassrosa bis gelbliche Schleimhäute, beschleunigte Atmung und erhöhter Herzschlag sein.

Trauben und Rosinen

Die genaue Ursache ist noch unbekannt, aber der Verzehr von Trauben und Rosinen wurde mit akutem Nierenversagen bei Hunden in Verbindung gebracht. Auch kleine Mengen können giftig sein. Symptome können Erbrechen, Durchfall, Appetitlosigkeit und Lethargie umfassen.

Alkohol

Alkoholische Getränke und Lebensmittel, die Alkohol enthalten, können für Hunde toxisch sein. Alkohol kann das zentrale Nervensystem, das Herz und die Atmungsrate eines Hundes beeinträchtigen. Symptome können Erbrechen, Atembeschwerden, Koordinationsprobleme, Bewusstseinsveränderungen, Krämpfe und sogar den Tod umfassen.

Andere gefährliche Lebensmittel

Einige andere Lebensmittel, die für Hunde gefährlich sein können, umfassen Avocados, Macadamianüsse, Hefe, Xylitol (ein Süßstoff, der oft in zuckerfreien Lebensmitteln gefunden wird), und Obstkerne und -kerne, die Cyanid enthalten können, wie Apfelkerne, Pfirsich-, Pflaumen- und Kirschkerne.

Häufig gestellte Fragen zur Hundeernährung

1. Wie oft sollte ich meinen Hund füttern?

Die Häufigkeit der Fütterung kann je nach Alter, Rasse und Gesundheitszustand des Hundes variieren. Allgemein gilt jedoch, dass Welpen drei bis vier Mal am Tag gefüttert werden sollten, während ausgewachsene Hunde in der Regel ein bis zwei Mal am Tag gefüttert werden. Ältere Hunde können auch von kleineren, häufigeren Mahlzeiten profitieren.

2. Wie viel Futter sollte ich meinem Hund geben?

Die Menge des Futters hängt von vielen Faktoren ab, einschließlich der Größe, des Alters, der Rasse, des Aktivitätsniveaus und des Gesundheitszustandes des Hundes. In der Regel finden Sie auf der Verpackung des Hundefutters Fütterungsempfehlungen basierend auf dem Gewicht des Hundes. Es ist immer ratsam, den Rat Ihres Tierarztes einzuholen, um sicherzustellen, dass Ihr Hund die richtige Menge an Futter erhält.

3. Ist es in Ordnung, meinem Hund menschliches Essen zu geben?

Während einige menschliche Lebensmittel sicher für Hunde sind, können andere giftig sein. Es ist am besten, Ihrem Hund keine menschlichen Lebensmittel zu geben, es sei denn, Sie haben vorher recherchiert oder Ihren Tierarzt gefragt. Selbst dann sollten menschliche Lebensmittel nur gelegentlich als Leckerli und nicht als Ersatz für ein ausgewogenes Hundefutter gegeben werden.

4. Was soll ich tun, wenn mein Hund übergewichtig ist?

Wenn Ihr Hund übergewichtig ist, ist es wichtig, seine Kalorienaufnahme zu reduzieren und seine körperliche Aktivität zu erhöhen. Sie sollten auch mit Ihrem Tierarzt sprechen, um sicherzustellen, dass es keine zugrunde liegenden Gesundheitsprobleme gibt, die zum Gewichtsproblem beitragen könnten. Es gibt spezielle Ernährungfutter für Hunde, die dabei helfen können, das Gewicht zu reduzieren und gleichzeitig sicherzustellen, dass Ihr Hund alle notwendigen Nährstoffe erhält.

5. Ist Trockenfutter oder Nassfutter besser für meinen Hund?

Sowohl Trocken- als auch Nassfutter haben ihre Vor- und Nachteile. Trockenfutter ist bequem und kann dazu beitragen, die Zähne sauber zu halten, während Nassfutter hydratisierend ist und oft schmackhafter für Hunde ist. Die beste Wahl hängt von den spezifischen Bedürfnissen und Vorlieben Ihres Hundes ab. Manche Hundebesitzer entscheiden sich auch für eine Kombination aus beidem.

6. Gibt es bestimmte Lebensmittel, die ich vermeiden sollte?

Ja, es gibt bestimmte Lebensmittel, die für Hunde toxisch sein können, darunter Schokolade, Zwiebeln, Knoblauch, Trauben, Rosinen, Alkohol, Macadamianüsse und bestimmte Süßstoffe wie Xylitol. Wenn Ihr Hund eines dieser Lebensmittel gefressen hat, sollten Sie sofort einen Tierarzt aufsuchen.

7. Ist es gut, meinem Hund eine vegetarische oder vegane Ernährung zu geben?

Hunde sind omnivore Tiere, was bedeutet, dass sie sowohl pflanzliche als auch tierische Nahrung zu sich nehmen können. Allerdings sind sie evolutionär darauf ausgerichtet, ein gewisses Maß an tierischen Produkten in ihrer Nahrung zu haben. Eine vegetarische oder vegane Ernährung kann für Hunde schwieriger zu managen sein und erfordert eine sorgfältige Planung, um sicherzustellen, dass sie alle notwendigen Nährstoffe erhalten. Wenn Sie eine solche Ernährung in Erwägung ziehen, sollten Sie dies unbedingt mit einem Tierarzt oder einem Ernährungsberater für Tiere besprechen.

8. Wie erkenne ich, ob mein Hund eine Nahrungsmittelallergie hat?

Nahrungsmittelallergien bei Hunden können eine Vielzahl von Symptomen hervorrufen, einschließlich Juckreiz, Hautausschlägen, Magen-Darm-Problemen und mehr. Wenn Sie vermuten, dass Ihr Hund eine Nahrungsmittelallergie hat, sollten Sie einen Tierarzt aufsuchen. Er kann Tests durchführen und gegebenenfalls eine Ausschlussdiät vorschlagen, um zu bestimmen, auf welche Inhaltsstoffe Ihr Hund allergisch reagiert.

9. Sind rohe Ernährungen gut für meinen Hund?

Rohe Ernährungen, oft als BARF (Biologisch Artgerechtes Rohes Futter) bezeichnet, sind umstritten. Befürworter argumentieren, dass sie gesünder und natürlicher für den Hund sind. Kritiker weisen jedoch darauf hin, dass rohe Ernährungen das Risiko einer bakteriellen Kontamination erhöhen können und dass sie, wenn sie nicht richtig ausgeführt werden, zu Nährstoffungleichgewichten führen können. Wenn Sie eine rohe Ernährung für Ihren Hund in Erwägung ziehen, sollten Sie dies mit Ihrem Tierarzt oder einem Tierernährungsberater besprechen.

10. Wie kann ich die Qualität des Hundefutters beurteilen?

Um die Qualität des Hundefutters zu beurteilen, können Sie zunächst die Zutatenliste und die Nährstoffinformationen auf dem Etikett überprüfen. Qualitativ hochwertiges Hundefutter sollte eine identifizierbare Fleischquelle als Hauptzutat haben und wenig bis keine Füllstoffe wie Mais oder Weizen enthalten. Sie können auch nach AAFCO (Association of American Feed Control Officials) Zertifizierungen suchen, die darauf hinweisen, dass das Futter den Nährstoffstandards entspricht. Online-Bewertungen und die Beratung durch einen Tierarzt können ebenfalls hilfreich sein.

Die Hersteller sind auf den Zug aufgesprungen!

Den Futtermittelproduzenten ist nicht entgangen, dass wir Hundehalter inzwischen großen Wert auf die **richtige** Ernährung unserer Tiere legen. Wir möchten, dass die jeweilige Packung genau das enthält, was unsere Hunde an Energie und Nährstoffen benötigen. Die Industrie weiß aber auch, dass viele von uns sich dabei schwer tun, die richtige Zusammenstellung zu erarbeiten.

Und da kommen die Marketing-Experten ins Spiel: sie haben Tools entwickelt, mit denen wir online ganz bequem zumindest ausrechnen können, wieviel Energie unser Hund so benötigt. Dazu geben wir ein paar Informationen über unser Tier am Bildschirm ein und schon rattert die Werbemühle: bei einem Anbieter wird sogar der Name meines Hundes abgefragt, damit auf der Folgeseite dann werbewirksam genau dieser Name auf der scheinbar fertig gemixten Futtertüte steht. Das Futter ist ja echt für meinen Bello gemacht, denkt so mancher dann. Aber stimmt das?

Ich habe den (nicht repräsentativen) Selbstversuch gemacht und die Daten zu meinen Hund auf verschiedenen Anbieterseiten exemplarisch eingegeben und fest damit gerechnet, nahezu identische Ergebnisse zu erzielen.

Das Resultat: ernüchternd! Für mein Tier wurden Werte zwischen 1272 und 1886 kcal ausgegeben, wobei ich bei einem Anbieter den Wert erst aus den dort angegebenen MJ* errechnen musste. Die Spanne: erschreckend! Interessant: Alle Empfehlungen lagen über dem, was eine vertrauenswürdige Tierärztliche Ernährungsberatung, die selbst kein Alleinfutter verkauft, empfiehlt.

Mehr Futter = Mehr Umsatz?!
Die Grafik unten zeigt die unfassbaren Abweichungen.
Bitte zieh` deine eigenen Schlüsse daraus...

*MJ = Megajoule

Zu dick? Zu dünn? Oder perfekt in form?

Auch zu diesem Thema gibt es für Sie offizielle Hilfe: den sogenannten Körperkonditionswert (KKI = Körperkonditionsindex), der angibt ob ein Hund Idealgewicht hat, zu dünn oder zu dick ist. Der Körperzustand wird anhand optischer und ertastbarer Kriterien beurteilt und Ziel sollte immer sein, das sog. „Idealgewicht" Ihres Hundes zu erreichen.

Denn damit fühlt er sich, sofern er nicht anders erkrankt ist, wohl und agil und hat mit sicherheit die optimalen Voraussetzungen für ein fröhliches, erfülltes Leben.

Also los, checken wir mal, wie es bei Ihrem Hund aussieht!

Sehr dünn

Rippen: leicht zu ertasten, keine Fettschicht darüber
Schwanzansatz: Hervorstehende Knochen, kein Gewebe zwischen Haut und Knochen
Seitenansicht: Die Flanken sind stark eingefallen
Ansicht von oben: Ausgeprägte Form einer Sanduhr

Untergewicht

Rippen: leicht zu ertasten, keine Fettschicht darüber
Schwanzansatz: Hervorstehende Knochen, minimale Gewebeschicht zwischen Haut und Knochen
Seitenansicht: Die Flanken sind eingefallen
Ansicht von oben: Sichtbare Form einer Sanduhr

Idealgewicht

Rippen: leicht zu ertasten, leicht dünne Fettschicht
Schwanzansatz: Glatte Kontur, Knochen können aber unter dünner Fettschicht gefühlt werden
Seitenansicht: Die Flanken sind leicht eingefallen
Ansicht von oben: Gut proportionierte Taille

Übergewicht

Rippen: schwer zu ertasten, mäßige Fettschicht darüber
Schwanzansatz: Gewisse Verdickung, Knochen sind aber unter mäßiger Fettschicht ertastbar
Seitenansicht: Keine Flankengrube oder Taille
Ansicht von oben: Rücken ist leicht verbreitert

Fettsucht

Rippen: schwer zu ertasten, dicke Fettschicht darüber
Schwanzansatz: Verdickt und unter dicker Fettschicht schwer zu ertasten
Seitenansicht: Fett hängt vom Bauch herab, keine Taille zu erkennen
Ansicht von oben: Der Rücken ist leicht verbreitert

Gut investiertes Geld!

Haben Sie sich jemals gefragt, wie Sie Ihrem vierbeinigen Freund noch besser unterstützen können? Nein, es geht hier nicht um zusätzliche Streicheleinheiten oder modische Hundekleidung. Es geht um etwas, das das Wohlbefinden Ihres Hundes auf ein neues Niveau heben kann: Professionelle Ernährungsberatung für Hunde. Genau so ist es. Bevor Sie nun denken: „Soll ich dafür auch noch 100 bis 200 Euro ausgeben?", lassen Sie mich erklären, warum dies die beste Investition sein könnte, die Sie für Ihren Liebling tätigen könnten.

Denken Sie einmal darüber nach, wie oft Sie Ihren Hund schon mit einem bestimmten Leckerli bestochen haben, damit er den Ball holt oder aufhört, Ihre neuen Schuhe anzunagen. Und wie oft haben Sie ihm einfach das gegeben, was auf der Rückseite der Verpackung steht, ohne wirklich zu wissen, ob das gut für ihn ist? Möglicherweise häufiger, als Sie zugeben möchten. Hier kommt die professionelle Ernährungsberatung ins Spiel.

Ein Ernährungsberater ist vergleichbar mit einem persönlichen Koch, Arzt*
und Trainer in einem. Dieser Fachmann analysiert genau, was Ihr Hund benötigt, basierend auf Rasse, Alter, Gewicht, Aktivitätsniveau und Gesundheitszustand. Anschließend erstellt der Berater einen individuellen Ernährungsplan,
der sicherstellt, dass Ihr Hund alle notwendigen Nährstoffe erhält und nichts,
was ihm schaden könnte.

Sie fragen sich vielleicht: „Warum sollte ich dafür Geld ausgeben?" Denken
Sie daran, wie viel Sie schon für Tierarztrechnungen ausgegeben haben, weil
Ihr Hund Durchfall hatte oder sich unwohl gefühlt hat? Wie oft haben Sie
sich Sorgen gemacht, ob er wirklich gesund ist? Mit einer professionellen
Ernährungsberatung können Sie viele dieser Probleme vermeiden. Denn ein
gut ernährter Hund ist auch ein gesunder und glücklicher Hund. Das ist doch
unbezahlbar, oder?

Darüber hinaus sind 100 bis 200 Euro im Vergleich zu dem, was man dafür
erhält, nicht wirklich viel. Sie geben wahrscheinlich mehr für Hundespielzeug
aus, das Ihr Liebling in Sekundenschnelle zerstört. Warum also nicht in etwas
investieren, das nachhaltiger ist und Ihrem Hund tatsächlich hilft?

In diesem Sinne ist eine professionelle Ernährungsberatung für Ihren Hund
nicht nur eine gute Idee, sondern eine großartige Investition. Sie unterstützt
Sie dabei, Ihrem Hund das bestmögliche Leben zu ermöglichen und ihn vor
Gesundheitsproblemen zu schützen. Und das Beste daran? Sie können sich
sicher sein, dass Sie alles richtig machen. Denn Sie haben einen Fachmann an
Ihrer Seite, der Sie unterstützt. Worauf warten Sie also noch? Ihr Hund wird
es Ihnen danken!

*Bitte beachten Sie, dass bei einem potenziell kranken Hund der Berater
allein nicht helfen kann. Er wird einen Tierarzt zu Rate ziehen oder Sie direkt
an einen solchen verweisen!

Auch sehr wichtig: die Pflege rundum

Der Welsh Corgi , ob Pembroke oder Cardigan , ist für sein wetterfestes Fell und seine robuste Natur bekannt. Doch auch dieser charmante Begleiter benötigt regelmäßige Pflege, um gesund, glücklich und wohlriechend zu bleiben. Die richtige Körperpflege des Corgis umfasst Fell-, Zahn-, Krallen- und Ohrenpflege sowie eine regelmäßige Gesundheitskontrolle.

Fellpflege
Der Welsh Corgi hat ein dichtes Doppelfell, bestehend aus einer weichen, isolierenden Unterwolle und einem glatten, schützenden Deckhaar. Dieses Fell schützt ihn vor Witterungseinflüssen, erfordert jedoch regelmäßige Pflege:

Regelmäßiges Bürsten : Bürsten Sie das Fell ein- bis zweimal pro Woche , um lose Haare zu entfernen und die Haut gesund zu halten.
Während des Fellwechsels , der im Frühjahr und Herbst stattfindet, sollte das

Bürsten täglich erfolgen, da der Corgi dann stark haart.

Geeignete Bürsten : Verwenden Sie eine Zupfbürste für die Unterwolle und eine Glanzbürste oder einen Kamm für das Deckhaar.

Baden : Der Welsh Corgi sollte nur bei Bedarf gebadet werden, beispielsweise wenn er stark verschmutzt ist. Nutzen Sie ein mildes Hundeshampoo , das die natürlichen Öle des Fells nicht angreift. Häufiges Baden ist nicht notwendig, da sein Fell schmutzabweisend ist.

Krallenpflege
Die Krallen des Welsh Corgis wachsen kontinuierlich und müssen regelmäßig überprüft und gekürzt werden:

Wann schneiden : Schneiden Sie die Krallen, wenn sie hörbar auf den Boden klicken. Überlange Krallen können Unbehagen oder sogar Schmerzen verursachen.

Wie schneiden : Verwenden Sie eine spezielle Krallenschere für Hunde und kürzen Sie die Krallen vorsichtig, um das empfindliche „Leben" (den durchbluteten Teil der Kralle) nicht zu verletzen. Wenn Sie unsicher sind, lassen Sie die Krallen vom Tierarzt oder Hundefriseur schneiden.

Ohrenpflege
Die aufrecht stehenden Ohren des Welsh Corgis sind relativ pflegeleicht, erfordern jedoch eine regelmäßige Kontrolle:

Reinigung : Reinigen Sie die Ohren Ihres Corgis einmal wöchentlich mit einem weichen Tuch oder einem Wattepad und einem speziellen Ohrenreiniger für Hunde.

Kontrolle : Achten Sie auf Anzeichen von Rötungen, Schwellungen oder unangenehmen Geruch, die auf Infektionen oder Milben hinweisen könnten.

Augenpflege
Die Augen des Welsh Corgis sind meist klar und gesund, doch auch hier ist eine regelmäßige Kontrolle wichtig:

Reinigung : Entfernen Sie Tränenflecken oder leichte Verkrustungen vorsichtig mit einem feuchten, weichen Tuch.

Kontrolle : Überprüfen Sie die Augen auf Rötungen, Übungen oder übermäßige Absonderungen, die auf gesundheitliche Probleme hinweisen könnten.

Zahnpflege
Die Zahnpflege ist ein oft unterschätzter, aber entscheidender Teil der Hundepflege. Zahnstein und Zahnerkrankungen können auch bei Welsh Corgis ein Problem sein:

Zähneputzen : Putzen Sie die Zähne Ihres Corgis mehrmals pro Woche mit einer speziellen Hundezahnbürste und -zahnpasta.

Kauartikel : Unterstützen Sie die Zahnhygiene mit Zahnpflege-Kauartikeln oder Spielzeugen, die Plaque reduzieren und das Zahnfleisch massieren. Diese Ergänzungen können helfen, die Zahnsteinbildung zu verringern und die Zähne Ihres Corgis gesund zu halten.

Regelmäßige Tierarztkontrollen : Lassen Sie die Zähne Ihres Welsh Corgis regelmäßig vom Tierarzt überprüfen. Professionelle Zahnreinigungen können bei Bedarf helfen, größere Probleme zu vermeiden.

Pfotenpflege
Die Pfoten Ihres Welsh Corgis sind nicht nur wichtig für seine Beweglichkeit, sondern auch anfällig für Verletzungen oder trockene Haut:

Kontrolle : Überprüfen Sie die Bälle regelmäßig auf Risse, Fremdkörper (z. B. kleine Steine oder Dornen) oder Anzeichen von Irritationen.

Schutz : Bei rauem Wetter, Streusalz oder extremer Hitze kann es hilfreich sein, die Pfoten mit einer speziellen Pfotensalbe zu schützen.

Haarpflege zwischen den Ballen : Schneiden Sie überschüssiges Fell zwischen den Ballen vorsichtig zurück, um Verfilzungen oder das Ansammeln von Schmutz zu vermeiden.

Allgemeine Gesundheitskontrolle
Neben der direkten Pflege ist eine regelmäßige Kontrolle des gesamten Körpers Ihres Corgis wichtig, um mögliche mögliche Probleme zu erkennen:

Haut und Fell : Achten Sie auf Hautveränderungen wie Rötungen, Schuppen oder Knoten. Das Fell sollte glänzend und frei von Verfilzungen sein.

Zahnpflege ist wichtig!

Ohren und Augen :Klare Augen und saubere, geruchsfreie Ohren sind Zeichen guter Gesundheit.

Gewicht : Überprüfen Sie regelmäßig das Gewicht Ihres Welsh Corgis. Ein gesunder Corgi sollte nicht übergewichtig sein, da seine Gelenke belastet sind.

Die Pflege eines Welsh Corgis ist zwar nicht besonders aufwendig, erfordert jedoch regelmäßige Aufmerksamkeit, um seinen Gesundheitszustand zu erhalten. Von der Fellpflege über die Zahnhygiene bis hin zur Krallen- und Pfotenpflege – jeder Bereich trägt dazu bei, dass Ihr Corgi glücklich und vital bleibt. Mit ein wenig Engagement und Routine wird die Pflege zu einem positiven Ritual, das nicht nur Ihrem Hund zugutekommt, sondern auch die Bindung zwischen Ihnen stärkt.

Noch ein wichtiges Thema: Gesundheit

Die häufigsten Hundekrankheiten richtig erkennen und handeln.

Wie bei uns Menschen können auch unsere treuen Vierbeiner von verschiedenen Krankheiten betroffen sein. Einige können gut behandelt werden, während andere nur begrenzt oder gar nicht behandelbar sind.

In solchen Situationen ist es wichtig, Ihrem Hund zu helfen, mit der Krankheit zu leben. In diesem Kapitel erfahren Sie mehr über die gängigsten Hundekrankheiten, wie Sie ihre Symptome erkennen können und welche Maßnahmen Sie ergreifen können, um Ihrem Hund zu helfen.

Zwingerhusten: Symptome und Behandlungsmöglichkeiten

Zwingerhusten, auch als infektiöse Tracheobronchitis bekannt, ist eine weit verbreitete Atemwegserkrankung bei Hunden. Der Name „Zwingerhusten" stammt daher, dass die Krankheit häufig in Umgebungen auftritt, in denen viele Hunde zusammenleben, wie zum Beispiel in Tierheimen oder Hundezwingern. Es ist eine hoch ansteckende Erkrankung, die durch verschiedene Viren und Bakterien, darunter das Canine Parainfluenzavirus und Bordetella bronchiseptica, verursacht wird.

Symptome von Zwingerhusten

Die Symptome von Zwingerhusten sind in erster Linie Atemwegssymptome und können in der Schwere variieren. Typischerweise zeigen sich folgende Anzeichen:

Husten: Der auffälligste und markanteste Hinweis auf Zwingerhusten ist ein trockener, starker Husten. Dieser Husten kann so intensiv sein, dass er oft mit einem Würgen oder Erbrechen endet.

Nasenausfluss: Bei einigen Hunden kann ein klarer oder eitriger Nasenausfluss auftreten.

Fieber: In einigen Fällen kann es zu leichtem Fieber kommen.

Appetitlosigkeit und Lethargie: Einige Hunde können ihren Appetit verlieren und scheinen insgesamt weniger aktiv oder energiegeladen zu sein.

Atemnot: In schweren Fällen kann Zwingerhusten zu Atemnot führen.

Es ist wichtig zu beachten, dass einige Hunde, die mit den Erregern von Zwingerhusten infiziert sind, nur geringe oder gar keine Symptome zeigen können. Solche Hunde können jedoch immer noch die Krankheitserreger auf andere Hunde übertragen.

Behandlung von Zwingerhusten

Die Behandlung von Zwingerhusten konzentriert sich in erster Linie auf die Linderung der Symptome und die Unterstützung des Immunsystems des Hundes, um die Infektion zu bekämpfen.

In vielen milden Fällen erfordert Zwingerhusten keine spezifische medizinische Behandlung und kann sich innerhalb von ein bis zwei Wochen von selbst lösen. Es ist jedoch wichtig, dass der Hund während dieser Zeit ausreichend Ruhe bekommt und gut hydratisiert bleibt.

Bei stärkeren Symptomen kann der Tierarzt eine Reihe von Behandlungen verschreiben, darunter Hustenmittel, Antibiotika (um bakterielle Infektionen zu behandeln), und in einigen Fällen Bronchodilatatoren oder Steroide.

Prävention von Zwingerhusten

Die effektivste Methode zur Vorbeugung von Zwingerhusten ist die Impfung. Es gibt sowohl intranasale als auch injizierbare Impfstoffe, die gegen die gängigsten Erreger von Zwingerhusten schützen. Während die Impfung keinen 100%igen Schutz bietet, kann sie dazu beitragen, dass die Krankheit bei einem infizierten Hund milder verläuft.

Räude: Symptome und Therapieoptionen

Räude ist eine Hautkrankheit bei Hunden, die durch winzige Milben verursacht wird. Diese Parasiten graben sich in die Haut des Tieres ein und lösen starke Entzündungsreaktionen aus. Es gibt verschiedene Arten von Räudemilben, die jeweils unterschiedliche Formen von Räude verursachen, darunter die Sarcoptes-Räude (auch bekannt als Scabies) und die Demodikose. Beide Formen können je nach Stadium und Schweregrad verschiedene Symptome verursachen und erfordern eine spezifische Behandlung.

Symptome der Räude

Juckreiz: Dies ist das auffälligste Symptom bei der Räude. Hunde mit Räude kratzen, beißen und lecken sich häufig an den betroffenen Stellen, was oft zu Wunden und Hautentzündungen führt.

Haarausfall und Hautveränderungen: Bei Räude tritt oft ein verstärkter Haarausfall auf, insbesondere an den Ohren, Ellenbogen und am Bauch. Die Haut kann gerötet, verdickt und schuppig sein und einen unangenehmen Geruch entwickeln.

Sekundärinfektionen: Die ständige Reizung und das Kratzen können zu sekundären Hautinfektionen führen, die zu einer Verschlimmerung der Symptome führen können.

Behandlung der Räude

Die Behandlung der Räude konzentriert sich auf die Beseitigung der Milben und die Linderung der Symptome. Dies geschieht in der Regel durch die Anwendung von speziellen Medikamenten, die entweder oral, topisch (direkt auf die Haut) oder durch Injektion verabreicht werden. Einige dieser Medikamente töten die Milben direkt ab, während andere das Immunsystem des Hundes stärken, um die Milben zu bekämpfen. Je nach Art und Schweregrad der Räude kann die Behandlung mehrere Wochen bis Monate dauern.

Zusätzlich zur direkten Behandlung der Räude kann es notwendig sein, sekundäre Hautinfektionen mit Antibiotika oder antimykotischen Medikamenten zu behandeln. Zur Linderung des Juckreizes können entzündungshemmende Medikamente verabreicht werden.

Prävention von Räude

Die Vorbeugung gegen Räude beinhaltet in erster Linie die Vermeidung des Kontakts mit infizierten Tieren, da einige Formen von Räude (wie die Sarcoptes-Räude) hochgradig ansteckend sind. Regelmäßige Parasitenkontrollen, einschließlich der Anwendung von Floh- und Zeckenpräparaten, können ebenfalls helfen, Räude zu verhindern.

Wichtig ist auch, dass die Behandlung von Räude unter tierärztlicher Aufsicht erfolgen sollte, da eine falsche oder unzureichende Behandlung zu einer Verschlimmerung der Symptome und zu einer chronischen Erkrankung führen kann.

Magendrehung: Symptome und Behandlungsoptionen

Die Magendrehung, medizinisch als „Gastrische Dilatation-Volvulus" (GDV) bezeichnet, ist eine ernste und lebensbedrohliche Erkrankung, die bei Hunden auftreten kann. Diese tritt auf, wenn sich der Magen des Hundes aufbläht und dann um seine Achse dreht, wodurch der Magenausgang und die Rückkehr des Blutes zum Herzen blockiert werden. Ohne sofortige tierärztliche Behandlung kann diese Situation innerhalb weniger Stunden tödlich sein. Bestimmte Rassen, wie der Deutsche Schäferhund, die Dogge oder der Bernhardiner, sind aufgrund ihrer tiefen und breiten Brustkorbstruktur besonders gefährdet.

Symptome einer Magendrehung

Aufgeblähter Bauch: Eines der ersten Anzeichen einer Magendrehung ist ein stark vergrößerter und harter Bauch.

Unruhe und Unwohlsein: Hunde mit einer Magendrehung sind oft sehr unruhig und können Zeichen von Unwohlsein und Schmerzen zeigen, einschließlich Hecheln, Speicheln, Versuchen zu erbrechen (ohne Erfolg), und allgemeiner Schwäche.

Atembeschwerden: Da der aufgeblähte Magen gegen das Zwerchfell drückt, kann es zu Atemproblemen kommen, die sich in schneller und flacher Atmung äußern.

Schock: Bei fortgeschrittener GDV kann der Hund in einen Schockzustand geraten, der durch blasse Schleimhäute, schnellen Herzschlag, kalte Extremitäten und letztendlich Bewusstlosigkeit gekennzeichnet ist.

Behandlung der Magendrehung

Eine Magendrehung ist immer ein Notfall, der sofortige tierärztliche Hilfe erfordert. Die Behandlung besteht in der Regel aus zwei Phasen:

Stabilisierung: Zunächst wird versucht, den Zustand des Hundes zu stabilisieren, was die Gabe von intravenösen Flüssigkeiten und Medikamenten zur Schockbekämpfung beinhaltet. Manchmal wird auch ein Schlauch durch die Speiseröhre eingeführt, um Luft und Flüssigkeiten aus dem Magen zu entlassen und den Druck zu mindern.

Chirurgischer Eingriff: Sobald der Hund stabil ist, wird eine Operation durchgeführt, um den Magen zu entdrehen und in seine normale Position zu bringen. In vielen Fällen wird der Magen chirurgisch fixiert, um zukünftige Drehungen zu verhindern.

Prävention von Magendrehungen

Die Vorbeugung von Magendrehungen beinhaltet vor allem das Management der Fütterungsgewohnheiten. Es wird empfohlen, kleinere Mahlzeiten über den Tag verteilt zu füttern statt einer großen Mahlzeit, und körperliche Aktivität für mindestens eine Stunde nach dem Fressen zu vermeiden.

Hunde, die einem hohen Risiko ausgesetzt sind, können auch von einer prophylaktischen Operation profitieren, bei der der Magen an der Bauchwand fixiert wird, um eine mögliche Drehung zu verhindern. Diese Operation wird oft als „Gastropexie" bezeichnet und kann gleichzeitig mit der Kastration oder einem anderen Baucheingriff durchgeführt werden.

Es ist wichtig zu betonen, dass eine schnelle Erkennung und Behandlung von GDV lebensrettend sein kann. Wenn Sie also bemerken, dass Ihr Hund Anzeichen einer Magendrehung zeigt, suchen Sie sofort einen Tierarzt auf. Denken Sie daran, dass es sich um einen absoluten Notfall handelt - jede Sekunde zählt.

Parvovirose: Anzeichen und Behandlungsmöglichkeiten

Die Parvovirose ist eine äußerst ansteckende und oft tödliche Viruserkrankung, die insbesondere Welpen und nicht geimpfte Hunde betrifft. Die Krankheit wird durch das Canine Parvovirus (CPV) verursacht, das zwei Hauptformen hat: die intestinale und die kardiale. Die intestinale Form ist am weitesten verbreitet und zeichnet sich durch Symptome wie Durchfall, Erbrechen und Appetitlosigkeit aus. Die kardiale Form betrifft hauptsächlich Welpen und führt zu einer Entzündung des Herzmuskels, was oft tödlich ist.

Anzeichen und Symptome

Die Symptome der Parvovirose können je nach Form der Erkrankung variieren. Bei der intestinalen Form gehören dazu:

- Stark riechender, blutiger Durchfall
- Erbrechen
- Appetitlosigkeit
- Lethargie
- Fieber
- Dehydration

Die kardiale Form der Parvovirose kann Symptome wie Atemnot, geschwollene Gliedmaßen und plötzlichen Tod hervorrufen. Es ist wichtig zu beachten, dass Hunde, die eine Parvovirus-Infektion haben, schnell krank werden können und sofortige tierärztliche Versorgung benötigen.

Diagnose und Behandlung

Die Diagnose der Parvovirose basiert auf den klinischen Symptomen des Hundes, der Anamnese und Labortests, einschließlich eines Schnelltests auf Parvovirus im Stuhl.

Da es sich bei der Parvovirose um eine virale Erkrankung handelt, gibt es keine spezifische Heilung. Die Behandlung konzentriert sich daher auf die Linderung der Symptome und die Aufrechterhaltung der Funktionen des Körpers, während das Immunsystem den Virus bekämpft.

Die Behandlung kann folgendes beinhalten:

- Flüssigkeitstherapie zur Bekämpfung der Dehydration
- Medikamente zur Kontrolle von Erbrechen und Durchfall
- Antibiotika zur Bekämpfung sekundärer bakterieller Infektionen
- Ernährungstherapie zur Unterstützung der Genesung

Prävention

Die beste Methode zur Prävention von Parvovirose ist die Impfung. Welpen sollten in der Regel zwischen der 6. und 8. Lebenswoche ihre erste Parvovirus-Impfung erhalten und diese dann alle 3 bis 4 Wochen bis zum Alter von 16 Wochen wiederholen. Danach sollten sie alle ein bis zwei Jahre geboostert werden, abhängig von den Empfehlungen Ihres Tierarztes.

Es ist auch wichtig, nicht geimpfte oder nur teilweise geimpfte Hunde von Orten fernzuhalten, an denen sie mit dem Virus in Kontakt kommen könnten, wie öffentlichen Parks, Tierkliniken oder Orten, an denen viele Hunde zusammenkommen.

Hepatitis: Anzeichen und Behandlungsmöglichkeiten

Hundestaupe, auch bekannt als Infektiöse Canine Hepatitis (ICH), ist eine schwerwiegende und hochansteckende Viruserkrankung, die die Leber und andere Organe von Hunden betrifft. Die Krankheit wird durch das Canine Adenovirus Typ 1 (CAV-1) verursacht und kann Hunde aller Altersgruppen betreffen, obwohl Welpen und junge Hunde besonders gefährdet sind.

Anzeichen und Symptome

Die Symptome von Hepatitis bei Hunden können je nach Schweregrad der Infektion variieren. Einige Hunde können asymptomatisch sein, während andere mildere bis hin zu schweren Symptomen aufweisen können. Die Symptome können Folgendes umfassen:

- Fieber
- Appetitlosigkeit
- Lethargie

- Bauchschmerzen
- Erbrechen und Durchfall
- Gelbsucht (Gelbfärbung von Haut und Augen)
- Augenprobleme wie eine trübe oder bläuliche Hornhaut („blaue Augen")

In schweren Fällen kann es zu inneren Blutungen, Leberversagen und plötzlichem Tod kommen.

Diagnose und Behandlung

Die Diagnose von Hepatitis basiert in der Regel auf den klinischen Symptomen des Hundes, seiner Vorgeschichte und verschiedenen Labortests, einschließlich Blutuntersuchungen und speziellen Tests zum Nachweis des Virus.

Wie bei den meisten Viruserkrankungen gibt es keine spezifische Heilung für Hepatitis. Die Behandlung konzentriert sich daher auf die Unterstützung des Körpers des Hundes, während sein Immunsystem das Virus bekämpft. Dies kann beinhalten:

- Flüssigkeitstherapie zur Bekämpfung von Dehydration
- Medikamente zur Linderung von Symptomen wie Fieber und Erbrechen
- Spezielle Ernährung zur Unterstützung der Leberfunktion
- In einigen Fällen kann eine Krankenhausaufenthalt notwendig sein, besonders bei schwerkranken Hunden

Prävention

Die beste Methode zur Vorbeugung gegen Hepatitis ist die Impfung. In der Regel wird der Impfstoff gegen Canine Adenovirus Typ 2 (CAV-2) verwendet, der auch Schutz gegen CAV-1 bietet. Welpen sollten in der Regel ihre erste Hepatitis-Impfung zwischen 6 und 8 Wochen erhalten und dann alle 3 bis 4 Wochen bis zum Alter von 16 Wochen wiederholt werden. Danach sollte die Impfung alle 1 bis 2 Jahre aufgefrischt werden, abhängig von den Empfehlungen Ihres Tierarztes.

Hüftdysplasie (HD) und Ellbogendysplasie (ED): Anzeichen und Behandlungsmöglichkeiten

Hüftdysplasie (HD) und Ellbogendysplasie (ED) sind zwei häufige orthopädische Erkrankungen bei Hunden, die beide durch eine abnormale Entwicklung der jeweiligen Gelenke gekennzeichnet sind. Diese Erkrankungen können erhebliche Schmerzen verursachen und die Mobilität des Hundes einschränken.

Hüftdysplasie (HD)

Hüftdysplasie ist eine genetische Erkrankung, bei der das Hüftgelenk abnorm entwickelt ist. Dies kann dazu führen, dass der Hüftkopf nicht richtig in die Hüftpfanne passt, was zu Schmerzen und Bewegungseinschränkungen führen kann.

Anzeichen und Symptome:

* Schwierigkeiten beim Aufstehen oder Springen
* Schmerzen in der Hüftregion
* Lahmheit oder Hinken
* Verringerte Aktivität oder Bewegung

Ellbogendysplasie (ED)

Ellbogendysplasie ist ähnlich der Hüftdysplasie, betrifft jedoch das Ellbogengelenk. Diese Erkrankung kann verschiedene Formen annehmen, darunter FCP (Fragmentierte Koronoidprozesse), OCD (Osteochondrosis Dissecans) und UAP (Ununited Anconeal Process).

Anzeichen und Symptome:

* Lahmheit oder Hinken, besonders nach dem Aufwachen oder nach körperlicher Betätigung
* Schmerzen oder Unbehagen im Bereich des Ellbogens
* Eingeschränkte Beweglichkeit des Gelenks

Behandlung

Die Behandlung von HD und ED hängt von der Schwere der Erkrankung und dem Allgemeinzustand des Hundes ab und kann sowohl konservative als auch chirurgische Methoden umfassen.

Konservative Behandlung:

Schmerzmanagement: Nichtsteroidale entzündungshemmende Medikamente (NSAIDs) können eingesetzt werden, um Schmerzen und Entzündungen zu lindern. Gewichtsmanagement: Übergewichtige Hunde haben ein höheres Risiko für HD und ED, daher ist es wichtig, dass sie ein gesundes Gewicht halten. Physiotherapie: Übungen können helfen, die Muskelmasse zu erhöhen und die Beweglichkeit zu verbessern.

Chirurgische Behandlung:

Bei schweren Fällen von HD oder ED kann eine Operation notwendig sein. Es gibt verschiedene Arten von Operationen, einschließlich Hüft- oder Ellbogenersatz, Osteotomie und Arthrodese.

Prävention

Die Vorbeugung von HD und ED kann schwierig sein, da beide Erkrankungen einen starken genetischen Faktor haben. Eine sorgfältige Zuchtplanung, die Vermeidung von Überbelastung bei jungen Hunden und das Halten eines gesunden Gewichts können jedoch dazu beitragen, das Risiko zu verringern.

Allergien: Anzeichen und Behandlungsmöglichkeiten

Allergien sind bei Hunden ein weit verbreitetes Problem und können durch eine Vielzahl von Substanzen ausgelöst werden, darunter Pollen, Schimmelpilze, Hausstaubmilben, bestimmte Lebensmittel und Flohspeichel. Bei einer Allergie reagiert das Immunsystem des Hundes überempfindlich auf eine ansonsten harmlose Substanz, die als Allergen bezeichnet wird. Dies führt zu einer Reihe von Symptomen, die von milden Hautirritationen bis hin zu schweren gesundheitlichen Problemen reichen können.

Anzeichen und Symptome von Allergien bei Hunden

Die Symptome einer Allergie bei Hunden können je nach Ursache der Allergie und individuellen Reaktion des Hundes variieren. Typische Anzeichen können jedoch Folgendes umfassen:

- Juckreiz und Kratzen, oft an bestimmten Stellen wie Ohren, Pfoten, Gesicht und Bauch
- Rötung und Entzündung der Haut
- Hefepilz- oder bakterielle Infektionen der Haut, die oft durch übermäßiges Kratzen verursacht werden
- Haarausfall oder Hautausschläge
- Ohrinfektionen
- Niesen, Husten oder andere Atembeschwerden
- Verdauungsprobleme wie Durchfall oder Erbrechen, insbesondere bei Nahrungsmittelallergien

Behandlung von Allergien bei Hunden

Die Behandlung von Allergien bei Hunden hängt von der Art der Allergie und der Schwere der Symptome ab. Einige gängige Behandlungsstrategien können Folgendes umfassen:

- Allergenvermeidung: Dies ist die effektivste Methode zur Behandlung von Allergien und beinhaltet die Identifizierung und Eliminierung der Allergie auslösenden Substanz aus der Umgebung des Hundes.
- Medikamente: Verschiedene Arten von Medikamenten können zur Behandlung von Allergiesymptomen bei Hunden verwendet werden, darunter Antihistaminika, Steroide und Cyclosporine.
- Immuntherapie: Bei dieser Behandlung wird der Hund regelmäßig mit kleinen Mengen des Allergens injiziert, um das Immunsystem allmählich an die Substanz zu gewöhnen und die allergische Reaktion zu reduzieren.
- Änderungen in der Ernährung: Wenn eine Nahrungsmittelallergie vermutet wird, kann eine Eliminationsdiät helfen, die spezifischen Lebensmittel zu identifizieren, die die Allergie auslösen.

Es ist wichtig zu beachten, dass die Behandlung von Allergien oft ein längerfristiger Prozess ist und Geduld erfordert. Zudem sollten alle Behandlungspläne in Absprache mit einem Tierarzt erstellt werden, um sicherzustellen, dass sie für den spezifischen Hund und seine Bedürfnisse geeignet sind.

Ekto- und Endoparasiten: Anzeichen und Behandlungsmöglichkeiten

Parasiten stellen eine erhebliche Bedrohung für die Gesundheit unserer Hunde dar. Sie können grob in zwei Kategorien unterteilt werden: Ektoparasiten, die auf der Haut oder im Fell des Hundes leben, und Endoparasiten, die im Inneren des Hundes leben. Jede Art von Parasit kann spezifische Symptome hervorrufen und erfordert spezifische Behandlungen.

Ektoparasiten

Zu den gängigen Ektoparasiten, die Hunde befallen können, gehören Flöhe, Zecken und Milben.

Anzeichen und Symptome:

- Juckreiz und Kratzen
- Rötung und Entzündung der Haut
- Haarausfall

- Beim Flohbefall können kleine, schnell bewegliche, dunkle Punkte im Fell des Hundes sichtbar sein
- Zecken sind oft als kleine, dunkle Klumpen auf der Haut des Hundes sichtbar

Endoparasiten

Zu den gängigen Endoparasiten gehören Herzwürmer, Hakenwürmer, Bandwürmer und Peitschenwürmer.

Anzeichen und Symptome:

- Gewichtsverlust
- Durchfall
- Erbrechen
- Husten
- Schwäche und Lethargie
- Im Falle von Herzwürmern können Symptome wie Atemnot, verminderte Ausdauer und sogar plötzlicher Tod auftreten

Behandlung

Die Behandlung von Parasitenbefall hängt von der Art des Parasiten ab, aber generell kann sie Folgendes umfassen:

Ektoparasiten-Behandlung:

Topische Behandlungen: Diese werden direkt auf die Haut des Hundes aufgetragen und können dazu beitragen, Parasiten abzutöten und zukünftigen Befall zu verhindern.
Oralmedikamente: Diese können helfen, Parasiten abzutöten und können oft einfacher anzuwenden sein als topische Behandlungen, insbesondere bei Hunden, die nicht gerne gebadet werden oder schwierig zu handhaben sind.
Umgebungsbehandlung: Bei starkem Befall kann es notwendig sein, das gesamte Zuhause des Hundes zu behandeln, um Parasiten abzutöten und zukünftigen Befall zu verhindern.

Endoparasiten-Behandlung:

Oralmedikamente: Diese sind die gängigste Behandlung für Endoparasiten und können dazu beitragen, Parasiten abzutöten und zukünftigen Befall zu verhindern.

Bei schwerem Befall kann eine Krankenhauseinweisung und intravenöse Flüssigkeitsbehandlung erforderlich sein, insbesondere wenn der Hund stark dehydriert ist oder an schwerem Durchfall oder Erbrechen leidet.

Vorbeugung ist der Schlüssel zur Vermeidung von Parasitenbefall. Regelmäßige Parasitenkontrollen durch Ihren Tierarzt sind unerlässlich, ebenso wie die Einhaltung von Impfplänen und der Einsatz von vorbeugenden Behandlungen gegen Parasiten, wie von Ihrem Tierarzt empfohlen.

Für Ektoparasiten, insbesondere Flöhe und Zecken, sind regelmäßige Fellkontrollen wichtig, besonders nach Spaziergängen in der Natur. Verwenden Sie gegebenenfalls ein Floh- und Zeckenschutzmittel, das auf die Haut des Hundes aufgetragen oder oral verabreicht wird. Es ist auch hilfreich, das Wohn- und Schlafgebiet des Hundes sauber und frei von Parasiten zu halten.

Bei Endoparasiten ist es wichtig, den Kot Ihres Hundes regelmäßig zu kontrollieren, insbesondere wenn Ihr Hund Durchfall hat oder ungewöhnliche Kotgewohnheiten zeigt. Stellen Sie sicher, dass Ihr Hund sauberes Wasser trinkt und nicht aus Pfützen oder stehenden Gewässern trinkt, da diese oft Parasiteneier enthalten können. Geben Sie Ihrem Hund regelmäßig Entwurmungsmittel, wie von Ihrem Tierarzt empfohlen.

Im Falle eines Befalls ist es wichtig, sofort einen Tierarzt zu konsultieren, um eine geeignete Behandlung zu beginnen und weitere Ansteckungen zu verhindern. Bei korrekter Behandlung und guter Prävention können die meisten parasitären Infektionen erfolgreich kontrolliert werden, um die Gesundheit und das Wohlbefinden Ihres Hundes zu schützen.

Die Sache mit der Läufigkeit

Die Läufigkeit ist ein natürlicher Aspekt im Leben jeder weiblichen Hündin und Teil ihres Fortpflanzungszyklus. Es ist ein Prozess, der mit der Geschlechtsreife beginnt und bis ins hohe Alter fortbesteht, sofern die Hündin nicht kastriert wurde. Dieser Artikel wird die Phasen der Läufigkeit, Anzeichen und mögliche Verhaltensänderungen während dieser Zeit beleuchten.

Der Zyklus der Läufigkeit bei Hündinnen läuft in vier Hauptphasen ab:

Proöstrus: Dies ist die erste Phase der Läufigkeit, die zwischen wenigen Tagen bis zu zwei Wochen dauern kann. In dieser Phase bereitet sich der Körper der Hündin auf eine mögliche Schwangerschaft vor. Sie beginnt zu bluten, und ihre Vulva schwillt an. Obwohl sie noch nicht bereit für die Paarung ist, kann sie bereits das Interesse von Rüden wecken.

Östrus: Dies ist die Phase, in der die Hündin empfängnisbereit ist und oft als „Hitze" bezeichnet wird. Sie dauert etwa neun Tage, kann aber zwischen vier und vierzehn Tagen variieren. Das blutige Sekret wird in dieser Phase heller und wässriger, und die Hündin zeigt wahrscheinlich Interesse an Rüden.

Metöstrus (oder Diöstrus): In dieser Phase, die etwa zwei Monate dauert, ist die Hündin nicht mehr empfängnisbereit. Ihr Körper geht davon aus, dass sie trächtig ist, unabhängig davon, ob dies tatsächlich der Fall ist. Das bedeutet, dass ihr Körper Progesteron produziert, ein Hormon, das für die Aufrechterhaltung einer Schwangerschaft benötigt wird.

Anöstrus: Dies ist die Ruhephase zwischen den Zyklen. Sie kann mehrere Monate dauern und ist die einzige Phase, in der der Körper der Hündin nicht auf Reproduktion ausgerichtet ist.

Die Läufigkeit kann das Verhalten einer Hündin stark beeinflussen. Sie kann während dieser Zeit besonders anhänglich sein oder im Gegenteil eher unabhängig und distanziert wirken. Einige Hündinnen können auch ängstlicher oder reizbarer als gewöhnlich sein. Es ist wichtig, sich daran zu erinnern, dass jede Hündin individuell auf die Läufigkeit reagiert.

Die Läufigkeit kann auch gesundheitliche Auswirkungen haben. Während der Läufigkeit sind Hündinnen anfälliger für Infektionen der Gebärmutter, wie die Pyometra. Es besteht auch ein erhöhtes Risiko für bestimmte Arten von Brustkrebs. Wenn Sie nicht planen, mit Ihrer Hündin zu züchten, kann eine Kastration in Betracht gezogen werden, um diese Risiken zu vermindern.

Typisch aber nicht zwangsläufig.

Der Welsh Corgi , ob Pembroke oder Cardigan , ist eine robuste und langlebige Hunderasse. Dennoch gibt es einige rassespezifische gesundheitliche
Probleme, die aufgrund ihres Körperbaus oder genetischer Veranlagungen
auftreten können. Eine zufällige Vorsorge, regelmäßige Tierarztbesuche und
eine gesunde Lebensweise sind entscheidend, um mögliche Erkrankungen zu
verhindern oder rechtzeitig zu behandeln.

Erkrankungen des Bewegungsapparates

Der lange Rücken und die kurzen Beine des Welsh Corgis machen ihn anfällig
für bestimmte orthopädische Probleme:

Bandscheibenerkrankungen (IVDD) :
Aufgrund ihres langen Körpers neigen Corgis zu Problemen mit der Wirbel-

säule, insbesondere zur intervertebralen Bandscheibenerkrankung (IVDD) . Diese können zu Schmerzen, Bewegungseinschränkungen oder sogar Lähmungen führen.

Vorbeugung : Übermäßiges Springen oder häufiges Treppensteigen sollte vermieden werden. Ein gesundes Gewicht entlastet die Wirbelsäule.

Hüftdysplasie :
Diese Fehlbildung des Hüftgelenks kann bei Welsh Corgis auftreten und zu Schmerzen oder Bewegungseinschränkungen führen.

Vorbeugung : Achten Sie auf kontrollierte Bewegung und vermeiden Sie Überlastung im Wachstum.

Ellenbogendysplasie :

Diese Erkrankung betrifft die Gelenke der Vorderläufe und führt zu Lahmheit oder Steifheit.

Augenerkrankungen

Wie viele andere Rassen sind auch Welsh Corgis anfällig für genetische Augenerkrankungen:

Progressive Retinaatrophie (PRA) :
Diese erbliche Erkrankung führt zu einem fortschreitenden Verlust der Sehkraft und kann letztlich zur Erblindung führen.

Vorbeugung : Seriöse Züchter testen ihre Zuchthunde auf PRA, um das Risiko zu minimieren, dass die Krankheit an die Nachkommen weitergegeben wird.

Katarakt (Grauer Star) :
Diese Augenerkrankung verursacht eine Trübung der Linse und kann die Sehkraft beeinträchtigen. Sie tritt häufig im höheren Alter auf, kann jedoch auch genetisch bedingt sein.

Behandlung : In einigen Fällen kann eine Operation helfen, die Sehkraft wiederherzustellen.

Hornhautdystrophie :
Diese Erkrankung betrifft die Hornhaut und kann zu Sehstörungen führen. Sie ist bei Welsh Corgis selten, aber möglich.

Degenerative Myelopathie (DM)

Die degenerative Myelopathie ist eine fortschreitende Erkrankung des Rückenmarks, die bei Welsh Corgis relativ häufig vorkommt. Sie führt zu einer langsamen Ermüdung der Beweglichkeit, beginnend mit einer Schwäche in den Hinterläufen und später zu einer vollständigen Lähmung.

Vorbeugung : Ein Gentest kann helfen, Träger dieser Erkrankung zu identifizieren, um sie nicht weiterzuverberben.

Epilepsie

Epilepsie, eine neurologische Störung, kann auch bei Welsh Corgis auftreten. Sie zeigt sich durch wiederholte Krampfanfälle, die unterschiedlich schwer ausfallen können.

Behandlung : Medikamente können helfen, die Anfälle zu kontrollieren und die Lebensqualität zu verbessern.

Übergewicht und Folgeerkrankungen

Der Welsh Corgi neigt aufgrund seines kompakten Körperbaus und seiner Vorliebe für Futter zu Übergewicht. Übergewicht kann eine Vielzahl von Problemen auslösen, darunter:

Belastung der Gelenke (Arthrose)

Herz-Kreislauf-Erkrankungen

Diabetes

Vorbeugung : Eine ausgewogene Ernährung und regelmäßige Bewegung sind entscheidend, um das Gewicht im gesunden Bereich zu halten.

Obwohl Welsh Corgis ein wetterfestes Fell haben, können sie zu Hautproblemen neigen:

Allergien :

Corgis können auf Futter, Pollen oder Umwelteinflüsse allergisch reagieren, was sich durch Juckreiz, Rötungen oder Hautinfektionen äußert.

Hot Spots : Diese feuchten, entzündeten Hautstellen können sich durch übermäßiges Kratzen oder Lecken entwickeln.

Vorbeugung und Behandlung : Regelmäßige Fellpflege und der Einsatz hypoallergener Produkte helfen, Hautprobleme zu vermeiden.

Zähne und Zahnfleisch

Corgis können anfällig für Zahnsteinbildung und Zahnfleischentzündungen sein, wenn die Zahnpflege vernachlässigt wird.

Vorbeugung : Regelmäßiges Zähneputzen, Kausnacks und Tierarztkontrollen sind wichtig, um Zahnproblemen vorzubeugen.

Fazit

Obwohl der Welsh Corgi eine insgesamt gesunde und langlebige Rasse ist, gibt es einige rassespezifische Krankheiten, die potenziell auftreten können.

Eine verantwortungsvolle Zucht, regelmäßige Gesundheitskontrollen und die richtige Pflege sind entscheidend, um das Risiko solcher Erkrankungen zu minimieren.

Mit einer guten Vorsorge und viel Liebe können Welsh Corgis ein gesundes und glückliches Leben führen – und ihren Besitzern viele Jahre Freude bereiten.

Ihr Corgi wird alt.

Das Altern ist ein natürlicher Prozess, der jeden lebenden Organismus betrifft, einschließlich unserer geliebten Hunde. Wie Menschen durchlaufen auch Hunde verschiedene Stadien im Leben, von der Welpenzeit über die Adoleszenz bis hin zum Erwachsenenalter und schließlich zum Alter. Während diese Phase mit gewissen Herausforderungen verbunden ist, bringt sie auch eine einzigartige Freude und Zufriedenheit mit sich. In diesem Artikel werden wir uns darauf konzentrieren, was es bedeutet, einen älteren Hund zu haben, und wie Sie Ihren vierbeinigen Freund in dieser Phase optimal unterstützen können.

Erkennung des Alterns bei Hunden
Das Alter, in dem ein Hund als „alt" gilt, variiert je nach Rasse und Größe des Hundes. Kleinere Hunde tendieren dazu, länger zu leben und gelten oft erst ab einem Alter von etwa 10-12 Jahren als Senior. Es ist wichtig zu beachten,

Umrechnungstabelle Hunde-/Menschenalter

Hundealter	Riesenrassen über 45 kg	Mittlere Rassen 15 - 45 kg	Kleine Rassen bis 15 kg
0,5	8	10	15
1	14	18	20
1,5	18	21	24
2	22	27	28
3	31	33	32
4	40	39	36
5	49	45	40
6	58	51	44
7	67	57	48
8	76	63	52
9	85	69	56
10	94	75	60
11	100	80	64
12		85	68
13		90	72
14		95	76
15		100	80
16			84
17			88
18			92
19			96
20			100

dass das Alter allein nicht unbedingt den Gesundheitszustand oder die Vitalität eines Hundes bestimmt. Viele ältere Hunde bleiben bis ins hohe Alter aktiv und gesund.

Einige Anzeichen, dass Ihr Hund älter wird, können beinhalten:

- Verminderte Aktivität oder Energie
- Veränderungen im Schlafmuster
- Gewichtszunahme oder -verlust
- Verminderte Seh- oder Hörleistung
- Veränderungen im Fell, wie z.B. Graufärbung oder erhöhter Haarausfall
- Veränderungen im Verhalten oder der Persönlichkeit
- Schwierigkeiten beim Aufstehen, Laufen oder Springen

Gesundheitliche Herausforderungen älterer Hunde

Mit dem Alter können verschiedene gesundheitliche Herausforderungen auftreten. Einige häufige Erkrankungen bei älteren Hunden sind:

- Arthritis: Diese entzündliche Erkrankung der Gelenke ist besonders bei älteren Hunden verbreitet und kann Schmerzen und Bewegungseinschränkungen verursachen.
- Zahnprobleme: Ohne regelmäßige Zahnpflege können sich im Laufe der Zeit Zahnstein und Zahnfleischerkrankungen entwickeln, die Schmerzen und Schwierigkeiten beim Fressen verursachen können.
- Herzerkrankungen: Mit zunehmendem Alter steigt das Risiko für Herzerkrankungen wie Herzinsuffizienz.
- Krebs: Ältere Hunde haben ein erhöhtes Risiko für verschiedene Arten von Krebs.
- Nieren- und Lebererkrankungen: Diese Organe können im Laufe der Jahre Schäden erleiden, was zu einer verminderten Funktion führen kann.
- Kognitive Dysfunktion: Ähnlich wie bei der Alzheimer-Krankheit beim Menschen können ältere Hunde Anzeichen von Verwirrung und Desorientierung zeigen.

Pflege und Unterstützung für ältere Hunde

Trotz der Herausforderungen, die das Alter mit sich bringt, gibt es viele Möglichkeiten, wie Sie Ihrem älteren Hund helfen können, ein glückliches und gesundes Leben zu führen.

Ernährung

Die Ernährungsbedürfnisse älterer Hunde unterscheiden sich von denen jüngerer Hunde. Ältere Hunde haben in der Regel einen langsameren Stoffwechsel und benötigen daher weniger Kalorien, um eine Gewichtszunahme zu vermeiden. Gleichzeitig können sie von einer Ernährung profitieren, die reich an hochwertigen Proteinen und Ballaststoffen ist und einen moderaten Fettgehalt hat. In einigen Fällen können spezielle Diäten oder Nahrungsergänzungsmittel hilfreich sein, insbesondere wenn Ihr Hund bestimmte gesundheitliche Probleme hat. Eine professionelle Ernährungsberatung kann dabei helfen, den individuellen Ernährungsbedarf Ihres älteren Hundes zu bestimmen.

Bewegung

Trotz möglicher Mobilitätseinschränkungen benötigen ältere Hunde weiterhin regelmäßige Bewegung, um fit und gesund zu bleiben. Die Art und Dauer der Bewegung sollte an die körperliche Verfassung des Hundes angepasst werden. Kurze, sanfte Spaziergänge oder leichtes Spielen können oft gut vertragen werden. Schwimmen kann eine gute Alternative für Hunde mit Gelenkproblemen sein, da es ein gelenkschonendes Training ermöglicht. Denken Sie daran, dass Bewegung auch wichtig ist, um geistig fit zu bleiben, so dass Aktivitäten, die Denkarbeit erfordern, wie Suchspiele oder Training von Tricks, auch hilfreich sein können.

Medizinische Versorgung

Ältere Hunde sollten regelmäßig vom Tierarzt untersucht werden, um frühzeitig Krankheiten zu erkennen und zu behandeln. Abhängig von der Gesundheit Ihres Hundes könnten diese Untersuchungen halbjährlich oder jährlich stattfinden. Ihr Tierarzt kann Ihnen auch bei Fragen zur Ernährung, Bewegung und Pflege Ihres älteren Hundes behilflich sein.

Komfort und Pflege

Ältere Hunde können empfindlicher gegenüber Kälte und Hitze sein und benötigen daher einen warmen, bequemen Schlafplatz. Orthopädische Betten können besonders für Hunde mit Arthritis oder anderen Gelenkproblemen hilfreich sein. Eine regelmäßige Pflege, einschließlich Bürsten und Baden, kann dazu beitragen, das Fell und die Haut Ihres Hundes gesund zu halten. Besondere Aufmerksamkeit sollte der Mundpflege gewidmet werden, um Zahnproblemen vorzubeugen.

Aktivitäten müssen sein!

Welsh Corgi sind für ihre Intelligenz, Agilität und ihren Eifer zu gefallen bekannt, was sie zu ausgezeichneten Kandidaten für eine Vielzahl von Hundesportarten macht.

Ihre körperliche Geschicklichkeit und mentale Aufnahmefähigkeit bedeuten, dass sie nicht nur in der Lage sind, an diesen Aktivitäten teilzunehmen, sondern oft auch darin glänzen. Hier sind einige Sportarten, die gut für Corgis geeignet sind:

- Agility
- Hundeschwimmen
- Discdogging oder Hundefrisbee
- Obedience
- Turnierhundsport

Das macht Spaß!

Agility: Ein dynamischer Hundesport für Körper und Geist

Agility ist ein Hundesport, der ursprünglich in England entstanden ist und sich seitdem weltweit zu einer der beliebtesten Hundesportarten entwickelt hat. Die Grundidee besteht darin, einen Hindernisparcours zu durchlaufen, wobei Geschwindigkeit und Präzision im Vordergrund stehen. Doch Agility ist mehr als nur ein Wettkampf - es ist eine großartige Möglichkeit, die Bindung zwischen Ihnen und Ihrem Hund zu stärken, gleichzeitig körperliche und geistige Fitness zu fördern und einfach Spaß zu haben.

Was ist Agility?
Im Agility führt ein Hundeführer seinen Hund durch einen Parcours aus verschiedenen Hindernissen. Diese können u.a. Hürden, Tunnel, Wippen,

Slalomstangen und Stege beinhalten. Der Hund soll diese Hindernisse in einer bestimmten Reihenfolge und so schnell wie möglich, aber ohne Fehler, überwinden. Dabei ist der Hundeführer nicht nur für die Navigation des Parcours verantwortlich, sondern auch dafür, seinen Hund durch Körpersprache und verbale Kommandos zu führen.

Vorteile von Agility
Agility bietet zahlreiche Vorteile für Sie und Ihren Hund:

Körperliche Fitness: Agility ist ein intensiver Sport, der sowohl Ausdauer als auch Geschicklichkeit fördert. Ihr Hund wird durch den Parcours rennen, springen, kriechen und balancieren, was zur Stärkung der Muskulatur, Verbesserung der Koordination und Förderung der körperlichen Fitness beiträgt.

Geistige Stimulation: Bei Agility geht es nicht nur um körperliche Aktivität. Ihr Hund muss auch lernen, Kommandos zu verstehen und auf Ihre Anweisungen zu reagieren, was geistige Agilität und Konzentrationsfähigkeit erfordert.

Bindung: Durch das gemeinsame Training und die Arbeit im Team können Sie eine tiefe Bindung zu Ihrem Hund aufbauen. Ihr Hund lernt, auf Ihre Anweisungen zu hören und Ihnen zu vertrauen, während Sie lernen, die Körpersprache und die Bedürfnisse Ihres Hundes besser zu verstehen.

Sozialisierung: Agility-Kurse und -Wettbewerbe sind oft gesellige Veranstaltungen, bei denen Sie andere Hundefreunde treffen können. Dies bietet auch Ihrem Hund die Möglichkeit, andere Hunde und Menschen kennenzulernen.

Spaß: Nicht zuletzt macht Agility einfach Spaß! Die Freude und Begeisterung, die Hunde beim Durchlaufen des Parcours zeigen, sind ansteckend und machen diesen Sport zu einer unterhaltsamen Aktivität für alle Beteiligten.

Ist mein Hund für Agility geeignet?
Grundsätzlich kann jeder gesunde Hund Agility betreiben. Allerdings sollte er ein gewisses Grundmaß an Gehorsam mitbringen und in der Lage sein, grundlegende Kommandos zu befolgen. Zudem sollte er gesund und in guter körperlicher Verfassung sein, da Agility eine hohe körperliche Belastung darstellt. Einige Rassen, insbesondere Arbeitshunde wie Collies oder Australian Shepherds, haben eine natürliche Begabung für diesen Sport, aber im Grunde kann jeder Hund, unabhängig von Rasse oder Größe, an Agility-Training teilnehmen und Freude daran finden. Dein Aussie ist von seinen Anlagen her bestens für diesen Sport geeignet!
Bevor Sie mit dem Agility-Training beginnen, sollten Sie Ihren Hund von

einem Tierarzt untersuchen lassen, um sicherzustellen, dass er gesund genug für diese Art von körperlicher Aktivität ist. Besonders bei jungen Hunden ist es wichtig, sicherzustellen, dass ihre Knochen und Gelenke vollständig entwickelt sind, bevor sie mit intensiven Sprungübungen beginnen.

Wie fange ich mit Agility an?

Der beste Weg, um mit Agility zu beginnen, ist der Besuch eines Agility-Kurses oder -Workshops. Ein erfahrener Trainer kann Ihnen und Ihrem Hund die Grundlagen beibringen und sicherstellen, dass Sie die Übungen sicher und korrekt ausführen. Er kann Ihnen auch dabei helfen, Ihre Technik zu verbessern und Ihren Hund effektiv zu führen.

Ein Agility-Parcours kann zunächst überwältigend wirken, aber keine Sorge - Sie und Ihr Hund werden schrittweise an die verschiedenen Hindernisse herangeführt. Normalerweise beginnen Sie mit einfacheren Übungen und fügen nach und nach mehr Hindernisse und komplexere Sequenzen hinzu, sobald Sie und Ihr Hund sich sicherer fühlen.

Es ist wichtig, dass das Training immer positiv und spielerisch gestaltet wird. Loben Sie Ihren Hund, wenn er ein Hindernis erfolgreich überwindet, und ermutigen Sie ihn, auch wenn er Schwierigkeiten hat. Ihr Ziel sollte es sein, dass Ihr Hund Agility als ein lustiges Spiel ansieht, nicht als eine anstrengende Arbeit.

Fazit

Agility ist ein aufregender und anspruchsvoller Sport, der Ihnen und Ihrem Hund viele Vorteile bietet. Es fördert nicht nur körperliche Fitness und geistige Stimulation, sondern stärkt auch die Bindung zwischen Ihnen und Ihrem Hund und bietet viele Möglichkeiten für Spaß und Geselligkeit. Egal, ob Sie nur zum Spaß trainieren oder an Wettbewerben teilnehmen möchten, Agility ist eine großartige Aktivität für Sie und Ihren vierbeinigen Freund.

Obedience: Eine hochdisziplinierte Hundesportart

Obedience ist eine Hundesportart, die auf Gehorsam und präzise Ausführung von Übungen basiert. Der Name „Obedience" stammt aus dem Englischen und bedeutet Gehorsam, was gut den Geist dieser Disziplin widerspiegelt. Es handelt sich dabei um eine hochdisziplinierte Form der Hundeausbildung, bei der es auf Präzision, Synchronisation und den harmonischen Umgang zwischen Hund und Mensch ankommt.

Was ist Obedience?
Bei Obedience-Wettbewerben führen Hund und Halter eine Reihe von Übungen aus, die auf die enge Zusammenarbeit zwischen den beiden abzielen. Die Übungen umfassen sowohl Grundkommandos wie „Sitz", „Platz" und „Bleib", als auch komplexere Aufgaben wie Apportieren, Richtungswechsel auf Kommando, Identifizierung und Wiedererlangung von Gegenständen oder das Befolgen von Kommandos auf Distanz.

Es gibt verschiedene Leistungsstufen in Obedience-Wettbewerben, von Einsteigerklassen bis hin zu sehr fortgeschrittenen Klassen. Die Schwierigkeit und Komplexität der Übungen steigen mit den höheren Leistungsstufen.

Die Bewertung bei Obedience-Wettbewerben basiert auf der Genauigkeit der Ausführung, der Geschwindigkeit und der Harmonie zwischen Hund und Halter. Punkte können abgezogen werden, wenn der Hund nicht genau auf die Signale des Halters reagiert, wenn er abgelenkt oder unsicher wirkt oder wenn der Halter seine Anweisungen wiederholen muss.

Wie fange ich mit Obedience an?
Das Training für Obedience kann bereits im Welpenalter beginnen, indem die Grundkommandos wie „Sitz", „Platz" und „Komm" eingeführt werden. Ein gutes Grundgehorsam ist die Basis für alle weiteren Obedience-Übungen.

Es wird empfohlen, sich einer Hundeschule oder einem Hundeverein anzuschließen, der Obedience-Kurse anbietet. Dort können Sie unter Anleitung erfahrener Trainer lernen und Ihr Training mit anderen Hundehaltern teilen.

Das Training sollte immer positiv und motivierend gestaltet sein. Belohnungen in Form von Leckerlis, Spielzeug oder Lob sind wichtig, um den Hund zu ermutigen und seine Motivation aufrechtzuerhalten.

Gehorsam ist wichtig!

Fazit

Obedience ist mehr als nur eine Hundesportart - es ist eine Philosophie der Zusammenarbeit und des Respekts zwischen Hund und Mensch. Es fördert nicht nur den Gehorsam und die Disziplin des Hundes, sondern auch seine geistige Auslastung und die Bindung zu seinem Halter. Gleichzeitig stellt es eine anspruchsvolle und bereichernde Aufgabe für den Halter dar, die viel Geduld, Konsequenz und Verständnis für die Bedürfnisse und Fähigkeiten seines Hundes erfordert.

Discdogging: Spielerische Akrobatik für Hund und Mensch

Discdogging, auch bekannt als Frisbee für Hunde, ist eine dynamische und aufregende Hundesportart, die auf der ganzen Welt immer beliebter wird. Diese Aktivität verbindet das Spiel und die Ausbildung Ihres Hundes auf spielerische Weise und stärkt gleichzeitig die Bindung zwischen Ihnen beiden. Der Sport ist für alle Hunderassen geeignet, solange der Hund gesund und in guter körperlicher Verfassung ist.

Was ist Discdogging?
Discdogging ist eine Hundesportart, bei der Hunde geführte Würfe mit einer Frisbee-Scheibe fangen. Der Hundebesitzer wirft die Scheibe, und der Hund muss sie fangen, oft nachdem er mehrere akrobatische Sprünge und andere Manöver ausgeführt hat.

Es gibt verschiedene Disziplinen im Discdogging, darunter Toss & Fetch, Freestyle und Long Distance. In der Toss & Fetch Disziplin hat der Mensch-Hund-Team eine Minute Zeit, so viele Würfe wie möglich zu machen, und Punkte werden basierend darauf vergeben, wie weit der Wurf ging und ob der Hund die Scheibe gefangen hat. Freestyle erfordert hingegen eine Choreographie mit Musik, bei der eine Vielzahl von Tricks und Würfen gezeigt wird. Long Distance ist ein Wettbewerb, bei dem es darum geht, die Scheibe so weit wie möglich zu werfen und der Hund sie fangen muss.

Wie fange ich mit Discdogging an?
Der Einstieg in das Discdogging ist relativ einfach und erfordert keine spezielle Ausrüstung außer einer geeigneten Hundefrisbee. Es ist wichtig, eine Frisbee zu verwenden, die für Hunde entwickelt wurde, da herkömmliche Frisbees zu hart sein können und den Mund Ihres Hundes verletzen können.

Für Anfänger ist es ratsam, mit einfachen Würfen zu beginnen und sicherzustellen, dass Ihr Hund das Prinzip des Spiels versteht und Freude daran hat. Von dort aus können Sie allmählich komplexere Würfe und Tricks einführen.

Es ist wichtig, darauf zu achten, dass Ihr Hund während des Trainings und des Spiels nicht überanstrengt wird. Stellen Sie sicher, dass Ihr Hund gut aufgewärmt ist und Pausen macht, um zu verhindern, dass er sich verletzt.

Geschafft!

Fazit

Discdogging ist ein toller Sport für Hunde, die viel Energie und eine natürliche Neigung zum Apportieren haben. Es ist eine ausgezeichnete Möglichkeit, Ihren Hund geistig und körperlich zu fordern und gleichzeitig Spaß zu haben. Aber denken Sie daran, immer die Sicherheit Ihres Hundes an erster Stelle zu setzen und ihn nicht zu überfordern. Mit Geduld und Übung kann Discdogging eine sehr lohnende Aktivität für Sie und Ihren Hund sein.

Hundeschwimmen: Gesundes Vergnügen für Ihren vierbeinigen Freund

Hundeschwimmen ist eine erfrischende und gesunde Aktivität, die nicht nur Ihrem Hund, sondern auch Ihnen als Hundebesitzer Freude bereiten kann. In diesem ausführlichen Text werden wir die Vorteile des Hundeschwimmens, Sicherheitstipps und die besten Orte für diese Aktivität erörtern.

Die Vorteile des Hundeschwimmens:
Gesundheitliche Vorteile: Schwimmen ist eine hervorragende Übung für Hunde. Es stärkt ihre Muskeln, verbessert die Beweglichkeit der Gelenke und fördert die Ausdauer. Aufgrund des geringen Gewichts im Wasser ist es auch besonders schonend für Hunde mit Gelenkproblemen oder Übergewicht.

Abkühlung: Hunde können Schwimmen als Möglichkeit nutzen, sich an heißen Tagen abzukühlen. Das kühle Wasser bietet eine willkommene Erfrischung und verhindert Überhitzung.

Spaß und mentale Stimulation: Schwimmen ist nicht nur körperlich anregend, sondern auch geistig befriedigend. Hunde müssen ihre Bewegungen im Wasser koordinieren, was ihre kognitiven Fähigkeiten herausfordert.

Soziale Interaktion: Wenn Sie Ihren Hund an einen öffentlichen See oder Strand mitnehmen, kann er auch die Gelegenheit nutzen, mit anderen Hunden zu spielen und soziale Kontakte zu knüpfen.

Sicherheitstipps für das Hundeschwimmen:
Schwimmfähigkeiten: Nicht alle Hunde können von Natur aus schwimmen. Bevor Sie Ihren Hund ins Wasser lassen, sollten Sie sicherstellen, dass er schwimmen kann. Manche Rassen haben aufgrund ihrer Anatomie Schwierigkeiten beim Schwimmen. Schwimmwesten können eine gute Unterstützung bieten, insbesondere für Welpen oder Hunde mit geringer Erfahrung im Wasser.
Supervision: Lassen Sie Ihren Hund nie unbeaufsichtigt im Wasser. Selbst Hunde, die gut schwimmen können, können in Schwierigkeiten geraten. Halten Sie immer ein wachsames Auge auf Ihren Vierbeiner.

Langsame Einführung: Wenn Ihr Hund noch nie geschwommen hat, ist es wichtig, ihn behutsam ans Wasser zu gewöhnen. Beginnen Sie mit flachem Wasser und lassen Sie ihn langsam Vertrauen zum Schwimmen entwickeln. Vorsicht vor Strömungen: Achten Sie auf Strömungen, insbesondere in Flüssen oder am Meer. Selbst starke Schwimmer können von starken Strömungen mitgerissen werden.

Auch das mag ich.

Süßwasser vs. Salzwasser: Salzwasser kann für Hunde irritierend sein, insbesondere wenn sie es trinken. Nach dem Schwimmen sollte Ihr Hund immer mit sauberem Süßwasser abgespült werden.

Die besten Orte für Hundeschwimmen:
Strände: Viele Strände erlauben Hunde, ins Wasser zu gehen, und bieten speziell ausgewiesene Bereiche für Hunde.
Seen und Teiche: Stauseen, Flüsse und Teiche sind oft ausgezeichnete Orte für Hundeschwimmen, vorausgesetzt, sie sind sicher und sauber.
Hundeschwimmbäder: In einigen Gebieten gibt es spezielle Hundeschwimmbäder, die eine kontrollierte Umgebung für das Schwimmen bieten.
Private Pools: Wenn Sie über einen eigenen Pool verfügen, kann das Schwimmen mit Ihrem Hund eine großartige Möglichkeit sein, Zeit zusammen zu verbringen.

Flyball

Flyball ist eine aufregende und dynamische Mannschaftssportart für Hunde, die Geschwindigkeit, Präzision und Teamarbeit sowohl der Hunde als auch ihrer Besitzer erfordert. Diese relativ junge Hundesportart hat seit ihrer Entstehung in den späten 1960er Jahren in Kalifornien, USA, weltweit an Popularität gewonnen. Heute gibt es Flyball-Clubs und -Wettbewerbe in vielen Ländern, und die Sportart zieht eine breite Palette von Rassen und Hundebesitzern an.

Grundlagen von Flyball

Flyball wird auf einem geraden Kurs gespielt, der typischerweise 15 Meter lang ist und vier Hürden umfasst. Am Ende des Kurses befindet sich eine Flyball-Box, die einen Mechanismus enthält, der einen Tennisball auswirft, wenn der Hund auf eine Schaltfläche tritt.

Das Ziel des Spiels ist es, dass vier Hunde eines Teams den Kurs nacheinander so schnell wie möglich absolvieren, über jede Hürde springen, den Ball aus der Flyball-Box holen und zum Start zurückkehren. Das Team, das dies mit allen vier Hunden ohne Fehler am schnellsten bewältigt, gewinnt das Rennen.

Die Bedeutung von Teamarbeit

Ein wesentliches Element von Flyball ist die Teamarbeit. Jedes Team besteht aus vier Hunden und ihren Besitzern, plus Ersatzhunden und -läufern, um eine flexible Teilnahme zu ermöglichen.

Die Hunde eines Teams müssen nicht nur individuell schnell und geschickt sein, sondern auch als eine Einheit funktionieren. Das Timing des Staffelwechsels, wenn ein Hund den Kurs abschließt und der nächste startet, ist entscheidend für den Erfolg und erfordert präzises Training und Koordination.

Training und Vorbereitung

Das Training für Flyball umfasst mehrere Aspekte, darunter Geschwindigkeitstraining, Hürdentraining, Boxenarbeit und Staffelwechsel-Übungen. Hunde müssen lernen, die Hürden effizient zu überspringen, schnell zu der Flyball-Box zu rennen, den ausgeworfenen Ball sicher zu fangen und dann den Kurs mit dem Ball im Maul zurückzulaufen.

Zusätzlich zum physischen Training ist es wichtig, dass die Hunde lernen, unter dem Druck von Wettbewerben und in der Gegenwart anderer Hunde konzentriert und motiviert zu bleiben.

Ich will das auch lernen!

Für welche Hunde eignet sich Flyball?
Flyball ist für fast alle Hunde geeignet, unabhängig von Rasse oder Größe, solange sie gesund, motiviert und in der Lage sind, das physische Training zu absolvieren. Kleinere Hunde haben einen besonderen Vorteil, da die Höhe der Hürden an den kleinsten Hund im Team angepasst wird, was bedeutet, dass Teams mit kleineren Hunden oft niedrigere Hürden haben.

Dies hat zu einer Beliebtheit des Sports bei Besitzern von kleinen bis mittelgroßen Hunderassen geführt. Doch auch größere Hunde nehmen erfolgreich an Flyball teil und genießen die körperliche Herausforderung und Aufregung des Sports.

Die Vorteile von Flyball

Flyball bietet viele Vorteile für Hunde und ihre Besitzer. Für Hunde fördert der Sport körperliche Fitness, geistige Stimulation und soziale Interaktion. Es ist eine hervorragende Möglichkeit für Hunde, Energie in einer kontrollierten und konstruktiven Weise abzubauen.

Für Besitzer bietet Flyball eine einzigartige Gelegenheit, eine tiefere Bindung mit ihrem Hund aufzubauen und Teil einer Gemeinschaft gleichgesinnter Hundeliebhaber zu werden.

Die Teilnahme an Flyball-Trainings und -Wettbewerben kann auch das Verständnis und die Kommunikation zwischen Hund und Besitzer verbessern.

Fazit

Flyball ist mehr als nur ein Hundesport; es ist eine lebendige Gemeinschaft, die Hunden und ihren Besitzern eine Plattform bietet, um zu lernen, zu wachsen und Spaß zu haben.

Durch die Kombination aus Geschwindigkeit, Geschicklichkeit und Teamarbeit bietet Flyball eine umfassende und bereichernde Erfahrung für alle Beteiligten. Ob Sie nach einer unterhaltsamen Möglichkeit suchen, die Energie Ihres Hundes zu kanalisieren, oder nach einem anspruchsvollen Sport, der Sie und Ihren Hund fordert, Flyball könnte genau das Richtige sein.

Es ist eine Sportart, die nicht nur die physischen Fähigkeiten Ihres Hundes verbessert, sondern auch seine Konzentrationsfähigkeit und Disziplin fördert.

Darüber hinaus stärkt das gemeinsame Training und die Teilnahme an Wettbewerben die Bindung und Kommunikation zwischen Ihnen und Ihrem Hund auf einzigartige Weise.

Teamarbeit ist wichtig!

Turnierhundsport: Dynamische Action für Hund und Mensch

Turnierhundsport, auch als THS bekannt, ist eine sehr dynamische Hundesportart, die in Deutschland entstanden ist und mittlerweile weltweit verbreitet ist. Sie kombiniert verschiedene Disziplinen und betont sowohl die
körperliche Fitness als auch das Gehorsamstraining von Hunden. In Turnier-
hundsport-Wettbewerben konkurrieren Mensch-Hund-Teams in mehreren
Events, die Geschicklichkeit, Gehorsam, Ausdauer und Geschwindigkeit erfordern.

Was ist Turnierhundsport?
Turnierhundsport-Wettbewerbe bestehen in der Regel aus vier Disziplinen:

Vierkampf: Dieser besteht aus Unterordnung (ähnlich wie in Obedience-Wettbewerben), Slalom, Hürdenlauf und Hindernislauf. Dabei werden sowohl die
Gehorsamsfähigkeiten des Hundes als auch seine Geschicklichkeit und Ausdauer getestet.

Geländelauf: Hierbei handelt es sich um einen Langstreckenlauf, bei dem der
Hund an der Leine neben dem Halter läuft. Die Distanzen variieren je nach
Klasse zwischen 2000 und 5000 Metern.

CSC (Combinations-Speed-Cup): Hierbei handelt es sich um eine Staffel, die
von drei Mensch-Hund-Teams durchgeführt wird. Sie müssen verschiedene
Hindernisse überwinden und dabei so schnell wie möglich sein.

Hindernislauf: Dies ist eine Geschwindigkeitsdisziplin, bei der das Mensch-
Hund-Team einen Parcours mit verschiedenen Hindernissen in der kürzest-
möglichen Zeit durchlaufen muss.

Wie fange ich mit Turnierhundsport an?
Um mit Turnierhundsport anzufangen, sollte Ihr Hund eine gute Grundkondi-
tion und Grundgehorsam haben. Er sollte in der Lage sein, Grundkommandos
zu befolgen und körperlich fit genug sein, um die Anforderungen der verschiedenen Disziplinen zu bewältigen.

Es ist ratsam, sich einem Hundesportverein anzuschließen, der Turnierhundsport anbietet. Dort erhalten Sie Unterstützung und Training von erfahrenen
Trainern und können in einer sicheren Umgebung üben.

Kein Problem!

Fazit

Turnierhundsport ist eine aufregende und herausfordernde Hundesportart, die sowohl Hund als auch Mensch auf Trab hält. Es erfordert Teamarbeit, Diszi- plin und Fitness und bietet eine großartige Möglichkeit, die Bindung zu Ihrem Hund zu stärken und gleichzeitig seine körperliche und geistige Fitness zu fördern.

Darüber hinaus ist es eine großartige Möglichkeit, andere Hundeliebhaber zu treffen und gemeinsam Spaß zu haben.

Die schönste Zeit des Jahres.

Lassen Sie uns über das Thema Reisen mit Ihrem geliebten Welsh Corgi sprechen. Schließlich möchte keiner von uns ohne seinen vierbeinigen Begleiter verreisen, oder?! Wenn es irgendwie möglich ist, sollten Sie versuchen, Ihren vierbeinigen Kumpel während des Urlaubs bei einem guten Freund zu „parken", den er bereits kennt, anstatt ihn in einer Hundepension oder einem Hundehotel unterzubringen. Aber am allerbesten ist es, wenn Sie Ihre Reise so planen, dass Ihr Vierbeiner Sie begleiten kann. Schließlich möchte er auf jeden Fall bei Ihnen sein, auch während der Ferien. Und keine Sorge, es ist gar nicht so schwer, Ihren Hund mit in den Urlaub zu nehmen, solange Sie ein paar grundlegende Dinge beachten.

Wenn Sie mit Ihrem Hund in den Urlaub fahren, entscheiden sich die meisten von Ihnen für das Auto. Nur wenige wählen das Flugzeug oder die Bahn für die Reise. Das Auto bietet einfach so viele Vorteile: Sie können alles mitnehmen, was Ihr Hund braucht, und haben alles griffbereit. Außerdem können Sie selbst entscheiden, wann Sie Pausen machen und wie lange Sie sie machen. Und auch am Urlaubsort bleiben Sie mobil. Aber bitte sorgen Sie unbedingt dafür, dass Ihr Hund sicher im Auto untergebracht ist. Das ist wichtig für seine und Ihre Sicherheit und außerdem Pflicht bei Autofahrten.

Mit dem Auto

Wenn Sie einen kleinen oder jungen Hund haben, können Sie ihn vor dem Beifahrersitz auf dem Boden unterbringen. Aber achten Sie darauf, dass Ihr Beifahrer genügend Beinfreiheit hat, sonst wird die Fahrt schnell unbequem. Es gibt Hunde, denen schlecht wird, wenn sie während der Fahrt nicht aus dem Fenster schauen können. Wenn Ihr Hund zu denen gehört, gehört er definitiv auf den Rücksitz. Dort gilt auch für ihn die Anschnallpflicht. Es gibt verschiedene Gurtsysteme, die in praktisch jedes Auto passen. Sie geben Ihrem Hund Halt und Bewegungsfreiheit. Sie können Sicherheitsgurte im Zoofachmarkt oder online bei den bekannten Versandhändlern bekommen. Ach ja, besorgen Sie sich am besten auch gleich eine Sicherheitsdecke, die zwischen den Vorder- und Rücksitzen angebracht wird. Sie verhindert, dass Ihr Hund während der Fahrt nach vorne springt oder bei starkem Bremsen zwischen die Sitze rutscht.

Nehmen Sie Rücksicht

Machen Sie spätestens alle 2 Stunden eine Pause, im Sommer vielleicht sogar öfter. Leinen Sie Ihren Hund an, bevor Sie die Fahrzeugtür öffnen, und machen Sie einen kleinen Spaziergang, damit er sich lösen kann. Bieten Sie ihm auf jeden Fall frisches Wasser und einen gesunden Snack an. Hunde sind besonders empfindlich gegen Hitze. Sorgen Sie also für frische, kühle Luft im Auto, am besten über die Klimaanlage. Und fahren Sie nicht mit offenen Fenstern oder im geöffneten Cabrio, damit sich Ihr Hund keinen Windzug einfängt oder sogar aus dem Auto springt. Pflegen Sie einen sanften Fahrstil, verzichten Sie auf ruckartiges Beschleunigen und scharfes Bremsen. Nehmen Sie in den Kurven das Tempo etwas raus. Manche Hunde werden beim schnellen Fahren und den Geräuschen der Reifen sehr unruhig.

Mit dem Flugzeug

Die verschiedenen Fluggesellschaften haben unterschiedliche Regeln und Tarife für die Mitnahme von Hunden, daher ist es wichtig, sich frühzeitig darüber zu informieren. Große Hunde müssen in der Regel in einer speziellen Transportbox im Frachtraum reisen, aber Ihr kleiner Welpe hat Glück! Kleine

Hunde bis zu einem Gewicht von etwa 8 kg dürfen oft als „Handgepäck" in einer Transporttasche mit in die Kabine genommen werden. Beachten Sie jedoch, dass die Plätze begrenzt sind, daher ist es ratsam, frühzeitig zu buchen. Die Unterbringung im Frachtraum kann für Ihren Hund extrem stressig sein und sollte nur in Ausnahmefällen und für längere Reisen in Betracht gezogen werden.

Mit der Bahn

Fast überall in Europa ist es erforderlich, für Bahnreisen mit Ihrem Hund zusätzlich ein Ticket im Kindertarif zu lösen, und in einigen Fällen zahlen Sie sogar den halben Preis Ihres eigenen Tickets. Kleine Hunde wie Ihr Welpe dürfen oft sogar kostenlos mitreisen, aber informieren Sie sich bitte vor der Reise bei der jeweiligen Bahngesellschaft. Beachten Sie, dass Hunde im Zugrestaurant keinen Zutritt haben und Ihr Welsh Corgi nur in den Schlaf- oder Liegewagen mitkommen darf, wenn Sie das gesamte Abteil mieten.

Der EU-Heimtierpass

Wenn Sie innerhalb der Europäischen Union reisen, ist der EU-Heimtierpass ein Muss. Sie erhalten ihn von Ihrem Tierarzt oder bereits beim Kauf von einem seriösen Züchter. Der Pass enthält Angaben zu Ihrem Hund, wie zum Beispiel den Impfstatus und die Mikrochip-Nummer. Seit Januar 2011 ist ein Mikrochip zur Identifikation obligatorisch, und eine Tätowierung reicht nicht mehr aus. Eine gültige Tollwutimpfung ist besonders wichtig und sollte mindestens 30 Tage vor der Reise durchgeführt worden sein. Sie darf nicht älter als 1 Jahr sein. Beachten Sie auch, dass es in einigen Ländern zusätzliche spezielle Anforderungen gibt, die sich von Zeit zu Zeit ändern können.

Worauf sollten Sie achten?

Unterkunft

Informieren Sie das Hotel oder die Ferienwohnung vor der Anreise darüber, dass Sie Ihren Hund mitbringen, und reservieren Sie einen Platz für seinen Korb sowie Futter- und Wassernäpfe. Um zu verhindern, dass Ihr Hund in der fremden Umgebung entwischt, halten Sie insbesondere die Zimmertür geschlossen. Sorgen Sie dafür, dass das Hotelpersonal Ihr Zimmer nicht betritt, wenn Ihr Hund dort alleine ist.

Gewohnheiten

Halten Sie sich am gewohnten Tagesrhythmus Ihres Hundes fest. Versuchen Sie, die Fütterungszeiten und Gassigänge nicht zu ändern.

Ernährung

Nehmen Sie ausreichend Fertigfutter mit, das Ihr Hund gewohnt ist, um ihm eine Futterumstellung zu ersparen. Falls Sie Ihren Hund roh füttern, sollten Sie auch am Urlaubsort entsprechendes Futter finden können.

Klima

Südliche Sonne mag für uns Menschen eine Wohltat und eine willkommene Abwechslung zu den vergleichsweise kühlen Temperaturen bei uns sein, aber für Hunde kann es eine ganz andere Geschichte sein. Planen Sie gemeinsame Aktivitäten daher am besten in die kühleren Tageszeiten, um Ihrem Welsh Corgi Unannehmlichkeiten zu ersparen.

Am Strand

Verbringen Sie mit Ihrem Hund nicht länger als zwei Stunden am Strand und bieten Sie ihm unbedingt einen schattigen Platz an. Stellen Sie sicher, dass er jederzeit Zugang zu frischem Wasser hat und spülen Sie sein Fell nach einem Bad im Meer immer mit Süßwasser ab. Achten Sie auf Strandverbote, da nicht überall Hunde erlaubt sind und es möglicherweise verschiedene Regeln für verschiedene Tageszeiten gibt.

Versicherung

Bevor Sie Ihre Reise antreten, überprüfen Sie, ob Ihre Tierhaftpflichtversicherung auch im Ausland gilt, und passen Sie den Versicherungsumfang gegebenenfalls an.

Registrierung

Spätestens jetzt ist es an der Zeit, Ihren Hund bei TASSO registrieren zu lassen. Die Registrierung ist genauso kostenlos wie der Suchdienst, falls Ihr Vierbeiner im Urlaub verloren gehen sollte.

Es versteht sich von selbst, dass Ihr Hund gechippt sein muss. Zusätzlich sollten Sie ihn mit einer Marke versehen lassen, auf der Ihre Heimat- und

Urlaubsadresse sowie Ihre Handynummer vermerkt sind. Dadurch kann er leichter zu Ihnen zurückgebracht werden, falls er mal ausbüchst.

Also, Sie reisefreudiger Hundebesitzer, mit den richtigen Vorbereitungen und ein wenig Planung können Sie Ihren Liebling ohne Probleme mit in den Urlaub nehmen. Egal ob mit dem Auto, dem Flugzeug oder der Bahn, achten Sie immer auf die Sicherheit und das Wohlbefinden Ihres Hundes während der Reise. Informieren Sie sich über die spezifischen Bestimmungen und sorgen Sie dafür, dass Sie alle erforderlichen Dokumente wie den EU-Heimtierpass griffbereit haben.

Vergessen Sie nicht, an alles zu denken, was Ihr Hund während des Urlaubs benötigt: sein gewohntes Futter, Wasser, Spielzeug, Körbchen und alles, was ihm ein Gefühl von Zuhause vermittelt. Planen Sie Pausen ein, lassen Sie Ihren Hund ausreichend Gassi gehen und sorgen Sie für frische Luft und angemessene Temperaturen im Fahrzeug. Beachten Sie die Strandregeln und sorgen Sie dafür, dass Ihr Hund jederzeit gut versichert ist.

Mit diesen Tipps steht einem tollen Urlaub mit Ihrem Welsh Corgi nichts im Wege. Also packen Sie Ihre Koffer, schnappen Sie sich Ihren vierbeinigen Begleiter und los geht's! Zusammen werden Sie unvergessliche Abenteuer erleben und eine großartige Zeit miteinander verbringen. Viel Spaß und gute Reise!

Ich komme immer mit!

"Wer auch immer gesagt hat, Glück könne man nicht kaufen, hat vergessen, dass es ja Welpen gibt."
Gene Hill

So soll der Welsh Corgi sein.

Der Welsh Corgi , einer der ältesten Hunderassen Großbritanniens, tritt in zwei anerkannten Varianten auf: den Welsh Corgi Pembroke und den Welsh Corgi Cardigan . Beide Varianten teilen viele Gemeinsamkeiten, unterscheiden sich jedoch in einigen wichtigen Details, die sie einzigartig machen. Der offizielle Rassestandard beschreibt die charakteristischen Merkmale, die einen typischen Welsh Corgi ausmachen.

Allgemeines Erscheinungsbild
Der Welsh Corgi ist ein kleiner, kompakter Hund mit einem langen Körper und kurzen, kräftigen Beinen. Trotz seiner geringen Größe wirkt er robust und athletisch. Seine Haltung und sein Ausdruck vermittelnde Intelligenz, Energie und Lebensfreude.
Körperbau :
Langgestreckter, kräftiger Körper.

Tiefer Brustkorb mit gut entwickelter Muskulatur.
Beine :
Kurz, aber stabil und stark, war ihm Wendigkeit und Beweglichkeit verliehen.
Kopf :
Fuchsähnliche Kopfform mit einer klar definierten Stirn und aufmerksamen, mandelförmigen Augen.
Ohren :
Aufrecht und mittelgroß, die stets wachsam wirken.
Größe und Gewicht
Schulterhöhe : Beide Varianten liegen zwischen 25 und 33 cm .
Gewicht :
Welsh Corgi Pembroke: 10-12 kg
Welsh Corgi Cardigan: 11-15 kg

Fell und Farben
Beide Varianten haben ein wetterfestes Doppelfell mit einer dichten Unterwolle und einem glatten, mittellangen Deckhaar.

Welsh Corgi Pembroke : Typische Farben sind Rot, Sable, Tricolor (Schwarz, Weiß und Rot) oder Fawn, oft mit weißen Abzeichen.
Welsh Corgi Cardigan : Bietet eine größere Farbpalette, darunter Blue Merle, Brindle, Rot oder Schwarz mit weißen Abzeichen.

Unterschiede zwischen Welsh Corgi Pembroke und Welsh Corgi Cardigan
Obwohl beide Varianten zum Welsh Corgi gehören, gibt es charakteristische Unterschiede:

Schwanz :
Welsh Corgi Pembroke : Der Schwanz ist entweder sehr kurz (kupiert) oder fehlt von Natur aus.
Welsh Corgi Cardigan : Der Schwanz ist lang, busch ig und erinnert an den eines Fuchses.

Körperbau :
Welsh Corgi Pembroke : Der Pembroke ist kompakter, leichter und wirkt etwas eleganter. Sein Rücken ist etwas kürzer, und er hat eine insgesamt dekorativere Erscheinung.
Welsh Corgi Cardigan : Der Cardigan ist kräftiger und robuster gebaut. Er hat einen etwas längeren Körper und einen breiteren Brustkorb, was ihm ein kraftvolleres Aussehen verleiht.

Ohren :
Welsh Corgi Pembroke : Die Ohren des Pembrokes sind kleiner, dreieckiger und spitzer.
Welsh Corgi Cardigan : Der Cardigan hat größere, runder wirkende Ohren, die etwas tiefer am Kopf angesetzt sind.

Fellfarben :
Welsh Corgi Pembroke : Die Fellfarben sind begrenzter, meist in Rot, Sable, Tricolor (Schwarz, Weiß und Rot) oder Fawn, oft mit weißen Abzeichen.
Welsh Corgi Cardigan : Der Cardigan zeigt eine größere Farbvielfalt, darunter auch Blue Merle, was den Cardigan oft farblich auffälliger macht.

Herkunft und Zuchtgeschichte :
Welsh Corgi Pembroke : Entwickelte sich in Pembrokeshire und wurde stärker durch flämische Einflüsse geprägt. Er wird oft als der „elegantere" der beiden Varianten bezeichnet.
Welsh Corgi Cardigan : Der Cardigan stammt aus Cardiganshire und ist die ältere der beiden Varianten. Er hat eine engere Verbindung zu den ursprünglichen Hütehunden der Kelten.

Charakter und Verhalten
Beide Varianten des Welsh Corgi sind intelligent, wachsam und arbeitsfreudig. Sie zeichnen sich durch eine enge Bindung zu ihren Menschen aus und lieben es, Teil des Familienlebens zu sein.

Trotz ihrer ähnlichen Grundzüge gibt es einige feine Unterschiede im Charakter zwischen dem Welsh Corgi Pembroke und dem Welsh Corgi Cardigan :

Welsh Corgi Pembroke :
Der Pembroke ist oft etwas kontaktfreudiger und extrovertierter. Er liebt es, im Mittelpunkt zu stehen, und zeigt sich in der Regel sehr verspielt und fröhlich. Seine freundliche und lebhafte Art macht ihn besonders beliebt in Familien mit Kindern.

Welsh Corgi Cardigan :
Der Cardigan ist oft etwas zurückhaltender und eigenständiger als sein Pembroke-Verwandter. Er ist bekannt für seine Loyalität und Ruhe, was ihn zu einem idealen Begleiter für Menschen macht, die einen ausgeglicheneren Hund suchen. Dennoch zeigt auch der Cardigan seinen Arbeitseifer und Hüteinstinkt, wenn er gefordert wird.

Egal welche Variante.

Der Rassestandard des Welsh Corgi beschreibt einen intelligenten, robus-
ten und arbeitsfreudigen Hund mit einem unverwechselbaren Aussehen und
Charakter. Beide Varianten, der Welsh Corgi Pembroke und der Welsh Corgi
Cardigan , teilen viele Gemeinsamkeiten, unterscheiden sich jedoch in ihrer
Erscheinung, ihrem Ursprung und einigen Verhaltensmerkmalen.

Der Pembroke besticht durch seine Eleganz und Offenheit, während der Cardigan durch sein robustes Aussehen und seine ausgeglichene Natur überzeugt
es. Beide Varianten sind gleichermaßen loyal, intelligent und anhänglich –
Eigenschaften, die den Welsh Corgi zu einem wunderbaren Begleiter machen,
egal ob als Familienhund oder aktiver Partner im Alltag.

Ordnung muss sein – zum Wohl der Rasse!

Die Fédération Cynologique Internationale (FCI), yeah, das ist die internationale Supertruppe, die sich voll und ganz der Förderung und Entwicklung von Hunderassen verschrieben hat. Die haben's richtig drauf! Gegründet wurde die FCI 1911 in Belgien und hat ihren Hauptquartier in Thuin, Belgien. Da geht's richtig zur Sache!

Die FCI ist so ,ne Art Boss, der über nationale Hundeclubs aus der ganzen Welt aufpasst. Momentan hat die FCI Mitgliedsverbände aus 98 Ländern und Gebieten. Diese Mitgliedsverbände sind dafür verantwortlich, Hunderassen in ihrem Land zu züchten, zu schützen und zu registrieren. Die arbeiten eng mit der FCI zusammen, um Standards für die einzelnen Rassen festzulegen und zu fördern. Gemeinsam rocken sie die Hunde-Welt!

Die FCI hat über 360 Rassen voll anerkannt, das ist echt beeindruckend! Und die haben die Rassen in 10 coole Gruppen aufgeteilt, je nach Verwendungszweck oder Herkunft. Da haben wir die Jäger, die Schäferhunde, die Terrier, die Pinscher, die Schnauzer, die Molosser, die Begleit- und Gesellschaftshunde, die Windhunde und die Nicht-Sportlichen Hunde. Ja, da ist für jeden was dabei!

Aber die FCI ist nicht nur für die Show da, nein, nein! Die setzen sich richtig für das Wohlbefinden und die Gesundheit der Hunde ein. Die haben da klare Richtlinien für Züchter und Halter, um sicherzustellen, dass die Hunde vernünftig gezüchtet, gehalten und geschützt werden. Respekt, FCI! Die kümmern sich auch um die Ausbildung von Züchtern, Trainern und Richtern. Da läuft alles wie geschmiert!

Und die FCI ist auch mega wichtig für die Hunde mit den internationalen Ambitionen. Die geben nämlich die offiziellen Ahnentafeln (so ‚ne Art Geburtsurkunde) raus, damit jeder sehen kann, dass ein Hund wirklich reinrassig ist und von einer bestimmten Zuchtlinie stammt. Ohne die Tafeln geht's nicht auf die großen Shows und Wettbewerbe, also ist das schon echt wichtiges Zeug!

Insgesamt spielt die FCI eine mega wichtige Rolle, wenn's um die Förderung und den Schutz von Hunderassen auf der ganzen Welt geht. Die sorgen dafür, dass die Hunde ordentlich gezüchtet, gehalten und geschützt werden und dass für jede Rasse klare Standards gelten. Damit wollen sie sicherstellen, dass unsere felligen Freunde gesund, glücklich und voll funktionsfähig sind. Yeah, FCI, weiter so!

Hier finden Sie die echten Fachleute.

Rassezuchtvereine.

Ich habe bereits mehrfach im Buch darauf hingewiesen, dass Sie einen Welpen am besten von einem verantwortungsvollen Züchter kaufen sollten, der dem VDH, der SKG oder dem ÖKV angeschlossen ist. Solche Züchter sind in Rassezuchtvereinen organisiert, die ein strenges Zuchtreglement haben. Die Adressen solcher Vereine erhalten Sie bei den nationalen Dachverbänden:

Deutschland:
Verband für das Deutsche Hundewesen (VDH) e. V.
www.vdh.de

Österreich:
Österreichischer Kynologenverband
www.oekv.at

Schweiz:
Schweizerische Kynologische Gesellschaft
www.skg.ch

In Deutschland verzeichnet der VDH die Vereine zur Betreuung der Rasse, die Kontaktdaten gibt es hier:

Club für Britische Hütehunde e.V.
Goethestr. 22
74889 Sinsheim
www.cfbrh.de

Hundeschulen sind hier zu finden:

BHV - Berufsverband der Hundeerzieher/innen und Verhaltensberater/innen e.V.
Geschäftsstelle
Christiane Backes
Alt Langenhain 22
65719 Hofheim
Tel.: +49 (0) 61 92 - 9 58 11 36
E-Mail: info@hundeschulen.de

TASSO e.V. und FindeFix sind zwei führende Organisationen in Deutschland, die sich auf die Registrierung und das Auffinden verlorener Haustiere spezialisieren.

Beide bieten wertvolle Dienstleistungen an, um vermisste Tiere wieder mit ihren Besitzern zu vereinen, und ergänzen sich in ihren Bemühungen, das Wohlergehen von Haustieren zu fördern.

TASSO e.V.

TASSO e.V. ist Europas größtes Haustierregister mit Millionen registrierter Tiere. Die Organisation bietet einen kostenlosen Service zur Registrierung von Haustieren, die mit einem Mikrochip oder einer Tätowierung gekennzeichnet sind.
TASSO arbeitet daran, verlorene Tiere zu identifizieren und sie sicher zu ihren Besitzern zurückzubringen. Dies wird durch eine umfangreiche Datenbank ermöglicht, in der die Identifikationsnummern der Mikrochips oder Tätowierungen zusammen mit den Kontaktdaten der Besitzer gespeichert sind.
Zusätzlich bietet TASSO einen 24-Stunden-Notfall-Service, eine verlorene-und-gefundene-Datenbank und verschiedene Informationskampagnen zum Thema Tierregistrierung und -schutz.

FindeFix - Das Haustierregister des Deutschen Tierschutzbundes

FindeFix ist eine Initiative des Deutschen Tierschutzbundes und dient ebenfalls der Registrierung von Haustieren, vor allem von Hunden und Katzen.

Ähnlich wie TASSO verwendet auch FindeFix die Mikrochip-Technologie, um verlorene Haustiere zu identifizieren und zu ihren Besitzern zurückzuführen.

Die Registrierung bei FindeFix ist ebenfalls kostenlos.

Neben der zentralen Registrierungsdienstleistung bietet FindeFix Informationen und Unterstützung für Haustierbesitzer, darunter Ratschläge für den Fall des Verlusts eines Haustieres.

Zusammenfassung und Bedeutung

Sowohl TASSO als auch FindeFix spielen eine entscheidende Rolle im Tierschutz in Deutschland.

Durch die Bereitstellung von Registrierungs- und Rückführungsdiensten tragen sie dazu bei, die Sicherheit von Haustieren zu erhöhen und das Leid von verlorenen Tieren und ihren Besitzern zu verringern.

Die Registrierung bei solchen Organisationen ist ein wichtiger Schritt für verantwortungsbewusste Haustierbesitzer. Sie erhöht die Wahrscheinlichkeit, dass ein verlorenes Tier schnell und sicher nach Hause zurückkehrt.

Diese Organisationen ergänzen die Arbeit von lokalen Tierheimen und Tierschutzvereinen und bilden ein wichtiges Netzwerk zum Schutz und zur Fürsorge für Haustiere.

Die Dienste von TASSO und FindeFix sind beispielhaft für moderne Ansätze im Tierschutz und in der Tierregistrierung, die darauf abzielen, das Wohlergehen von Haustieren zu gewährleisten und die Bindung zwischen Tieren und ihren Besitzern zu stärken.

Hat Ihnen dieses Buch gefallen?

Hallo zum Schluß, liebe Leserin und lieber Leser!

Wenn Sie mein Buch vom Anfang bis hier her gelesen haben, waren das jetzt gut 190 Seiten, die Sie studiert und mir dabei erlaubt haben, Sie dabei zu begleiten. Das macht mich unglaublich stolz und ich hoffe, Sie hatten Spaß beim Lesen und konnten wichtige Informationen für Sie ganz persönlich umsetzen.

Natürlich hätte ich dieses Buch niemals alleine herausgeben können, ein fleissiges und total Hunde verrücktes Team hat mir bei vielen Dingen wie den Fotos, dem Layout, der Grafik und vielem mehr geholfen - es handelt sich also um das Ergebnis einer einzigartigen und freundschaftlichen Teamarbeit.

Wenn Ihnen die letzten gut 190 Seiten eine angenehme, kurzweilige Zeit beschert haben und meine Tipps Ihnen helfen konnten, empfehlen Sie dieses Buch doch bitte weiter. Ich freue mich über jede einzelne neue Leserin und jeden einzelnen neuen Leser!

Erlauben Sie mir eine kleine Bitte zum Schluß: Wenn Ihre Zeit es zulässt, hinterlassen Sie doch bitte eine nette Rezension auf amazon oder dort, wo Sie es gekauft haben, für dieses Buch. Wir freien Autoren haben keinen mächtigen Großverlag hinter uns. Um auf dem großen Buchmarkt bestehen zu können, sind es vor allem die Rezensionen bei amazon + Co., die den „kleinen" Schreibern und dem Team im Hintergrund helfen.

Auch ein Posting in den sozialen Netzwerken wäre natürlich toll!

Dafür danke ich Ihnen ganz herzlich!

Alles Gute für Sie und Ihren Hund,

Ihre Ingrid Stan & Team!